KB151021

THE BASIS OF PSYCHOLOGICAL STATISTICS

심리통계의 기초 개념

...

김기중 · 박영신 · 정윤재

박영story

머리말

    통계는 과학적 연구의 필수도구이다. 그러나 많은 통계 책들은 어려운 공식들로 채워져 있고, 또 책마다 용어들이나 기호들이 일관성이 없어 학생들은 혼란스럽고 어렵게 느낀다. 이 교재를 만드는 목적은 학생들이 어려운 수학적 지식이 없더라도 통계적 개념을 이해하기 쉽도록 하려는 것이었다. 많은 과정을 과감히 생략하고 가설검증과 관련된 개념들을 위주로 간단명료하게 설명하고자 노력하였다.

    오늘날은 계산기와 컴퓨터가 보편화되어 있어서 학생들이 실제로 계산을 할 필요는 없겠으나 출력된 자료를 보고 해석할 수 있을 정도면 사회과학도들의 학문적 연구에 큰 무리가 없을 것으로 생각하였다. 시간적 압박도 있었지만, 장황하게 문장으로 기술하면 양도 많아지고 읽기에 지리할 듯하여 개조식으로 설명하였다. 최대한 실제 강의를 듣고 있는 듯한 느낌이 들도록 교재를 구성하도록 노력하였다.

    원고를 정리해 준 장미숙 선생과 편집에 많은 신경을 써주신 배규호 선생께 감사드리며, 끝으로 이 책을 출판해 주신 박영사 출판사의 관계자들에게 심심한 감사의 뜻을 전합니다.

2021년 이른봄

저자

차례

가설검증의 개관

가설검증의 논리를 전반적으로 파악한다. 다만 확률의 계산은 필요한 여러 가지 개념들을 공부한 후에 설명될 것이다. 확률을 계산하는 구체적인 절차는 제외하고 어떻게 처치효과가 있다고 결론짓는지 그 논리적 과정을 우선 파악해 두는 것이 도움이 될 것이다. 그런 맥락 속에서 다음에 나올 여러 가지 개념들을 공부한다면 그것이 왜 필요한지 그리고 왜 중요한지를 이해할 수 있을 것이다.

- 예를 들어, 카페인이라는 약물이 인간의 기억에 영향을 미치는지를 알아보려고 한다고 가정해 보자. (연구 문제)

- 우선 100명의 사람(피험자)들을 무선적(randomly)으로 선발한다.

- 그 100명을 무선적으로 두 집단으로 나눈다.

- 그중 한 집단에는 카페인을 투여한다. (Ⅰ, 실험집단)

- 다른 집단에게는 식염수를 투여한다. (Ⅱ, 비교집단)

- 두 집단 모두에게 20개의 무의미철자를 학습시킨다.

- 일정 시간 경과 후, 무의미철자(nonsense syllable)에 대한 기억을 검사한다.

- 예를 들어, 카페인집단은 평균 12.5개를 기억하였고, 식염수집단은 평균 10.2개를 기억하였다고 하자.

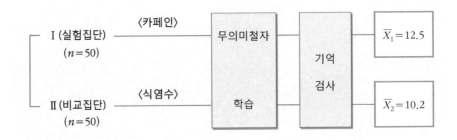

−카페인을 투여받은 집단이 식염수 투여집단보다 평균적으로 12.5−10.2 =2.3개를 더 많이 기억하였다.

−이 +2.3개는 카페인이 기억을 향상시킨 결과인가? [카페인효과] 아니면 무선적으로 나누었다 하더라도 카페인집단에 기억력 좋은 사람들이 우연히 많이 포함된 결과인가? [표집오차]

−표집오차(sampling error)란 표집하는 과정에서 생길 수 있는 오차이다.

−즉, +2.3은 [카페인효과] 또는 [표집오차] 때문일 수 있는 것이다.

−그 두 가지 효과를 한꺼번에 검토할 수 있는 방법은 없다.

−그래서 잠정적으로 카페인은 기억에 효과가 없다라고 가정해 보자. (H_0, 영가설)

−이 영가설이 사실이라면 순전히 우연(표집오차)에 의해 +2.3이라는 차이가 날 확률은 어느 정도인가?

−이런 확률계산은 우리가 할 능력도 없지만 할 필요도 없으며, 통계학자들이 계산해 놓은 것을 빌려다 쓰면 된다.

−그 확률을 부록에 있는 수표에서 찾아보아야 하기 때문에 다른 필요한 개념들을 공부하고 나서 설명될 것이다.

−이 책에서 소개되는 많은 개념들이 그 확률치를 찾아보기 위해 필요한 것이다.

−어쨌거나 그 확률이 100번 중 5번도 안 되는 적은 확률이라 해보자.

−즉, • 우연히 표집오차에 의해 2.3이란 차이가 날 확률은 100번 중 5번도 안 된다.
    • 우연히 표집오차에 의해 2.3이란 차이가 날 확률은 매우 적다.
    • 우연히 표집오차에 의해 2.3이란 차이가 날 확률은 거의 없다.

- 표집오차(우연) 때문이라 말하기는 어렵다.
- 표집오차(우연) 때문이라 말하지 말자.
- 표집오차(우연) 때문이 아니다.
- 카페인효과가 있었기 때문에 2.3의 차이가 났다.
- 카페인효과가 있다고 결론짓는다.

- 같은 말을 여러 번 반복한 것은 위쪽에서 아래쪽으로 갈수록 점차 (건방지게) 강하게 말하는 것을 보여 주기 위함이다.

- 이런 결정에는 늘 오류가 따라다닌다. (나중에 결정의 오류에서 설명된다.)

- 결론적으로 [카페인효과]인지 [표집오차] 때문인지를 결정하기 위해, 카페인효과가 없다는 가정하에서 생각해 본다면 2.3이란 차이는 표집오차 때문이라는 것이다. 그런데 표집오차 때문에 그런 차이가 나올 확률이 너무 적어 표집오차가 아니라고 결론지었다. 그러면 카페인효과가 없다는 가정이 너무 무리한 것이었다. 그래서 카페인효과가 없다는 가정을 버리고 카페인효과가 있다고 결론짓는 것이다.

- 확률계산을 위해 부록의 수표를 찾아보려면 여러 가지 개념(표준편차 → 표준점수, 표집분포, 영가설, 유의도 수준 등)을 알아야 한다.

연습문제

🏹 1장. 가설검증의 개관

문제

① 표집오차란 무엇인가?

② 영가설(H_0)이란?

③ 두 집단 설계를 하는 이유?

과학과 통계

> **학습목표** 과학적 연구에 필요한 주요 개념들, 특히 변인, 조작적 정의, 측정척도, 기술통계와 추리통계, 전집과 표본, 그리고 표집과 같은 용어들을 이해하고 숙지한다. 그리고 그 용어들 간의 관계를 이해하고 그 차이점도 알아야 한다. 특히 표본, 전집, 표집의 개념은 잘 구분해서 혼동하지 말아야 한다.

- 우리는 왜 통계를 공부해야 할까?

- 일반적으로 인문 사회계열 전공자들의 대부분은 통계를 싫어한다. 통계 수업을 통해 많은 학생들을 만나 왔지만 통계를 특별히 좋아했던 학생은 손을 꼽을 정도였다(물론 이러한 판단이 인문사회계열 학생들이 통계를 싫어한다는 과학적 근거가 될 수는 없다).

- 그럼에도 불구하고 우리는 통계를 공부해야 한다.

- 첫 번째 이유는 과학적 연구에 대한 이해와 연구의 수행을 위해서이다.

- 과학적 연구는 체계적이고 객관적인 방식으로 물음에 답하려는 시도이다.

- 과학이란 어떤 문제와 관련하여 중요한 변인들(variables)을 찾아내고, 그 변인들 간의 관계성을 찾고, 그 관계성을 해석하고, 예언하는 일련의 과정이다.

- 연구자는 관심이 있는 분야에 대한 자료를 객관적이고 체계적인 방식을 수집하고, 이를 통계적 절차에 따라 체계화하고, 요약하고, 기술하고 분석한다.

- 이러한 모든 과정에 통계에 관한 지식이 요구된다.

- 통계(statistics)는 수집된 자료를 체계화하고 요약하고 분석하는 것과 관련된다.

- 만일 자료를 엉망으로 수집하였다면, 아무리 좋은 통계적 방법을 사용해서 분석한다 하더라도 의미가 없을 것이므로 설계가 더 우선적이다.

- 통계적 지식을 바탕으로 어떤 결론을 얻기 위해서는 자료를 수집하여 어떻게 분석해야 될 것인지를 미리 염두에 두어야 좋은 설계를 할 수 있다.

- 또한 통계에 관한 지식이 없다면 자신의 연구 수행은 물론 다른 연구자들의 연구 결과 역시 이해할 수 없다.

- 아래 Student j의 논문을 살펴보자.

먼저 자극유형에 따른 주 효과가 유의미하게 나타났다[$F(2, 156) = 169.57$, $MSE = 6.62$, $p < .001$]. 인출연습 항목(Rp+, $M = .80$)이 제일 높은 회상률을 보였으며, 다음으로 인출연습을 하지 않은 범주 내 항목(Nrp, $M = .57$), 인출연습범주 내 비인출연습 항목(Rp-, $M = .46$)의 순으로 회상률에 차이를 보였다. 정서의 주 효과는 통계적으로 유의하지 않았다[$F(2, 156) = 1.86$, $MSE = .07$, $n.s.$)]. 자극유형과 정서가의 상호 작용이 통계적으로 유의하였다[$F(4, 312) = 2.69$, $MSE = .15$, $p < .05$]. 정서가에 따라 Rp+, Rp-와 Nrp의 회상률이 서로 다르게 나타났다. RIF를 확인해 위해 Rp-와 Nrp 간에 t 검증을 실시하였다. 중성적 형용사가 함께 제시된 항목[$t(78) = 4.69$, $p < .001$]과 약한 부적인 정서적 형용사가 함께 제시된 항목[$t(78) = 2.38$, $p < .05$]에서 Rp-와 Nrp 간에 차이가 유의미한 차이를 보였지만 강한 부적 형용사가 붙은 항목[$t(78) = 1.00$, $n.s.$]에서는 유의미한 차이를 보이지 않았다. 즉, 약한 부적 정서와 중성에서는 RIF가 관찰되었지만, 강한 부적 정서가에서는 RIF가 관찰되지 않았다.

정서가	Rp+	Rp−	Nrp
강한 부적 정서	.79(.20)	.52(.25)	.55(.19)
약한 부적 정서	.78(.23)	.50(.28)	.59(.19)
중성	.82(.22)	.40(.24)	.55(.19)

* ( )안의 숫자는 표준편차

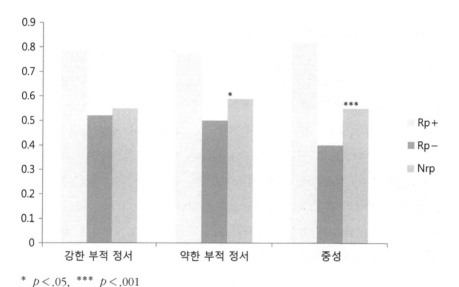

* $p < .05$, *** $p < .001$

[그림 2.1] 정서강도에 따른 자극유형의 평균 회상률

student j의 연구 논문 일부

−통계적 지식이 없다면 위의 논문을 이해할 수 없다(이 책을 통해 통계적 지식을 쌓아 간다면 위의 내용을 이해할 수 있게 될 것이다).

−두 번째 이유는 자료가 지니는 변산성(variability) 때문이다.

−간단히 정의하면 변산성이란 점수들이 흩어져 있는 정도를 의미한다.

−일반적으로 자연과학의 연구 자료들은 일관된 결과를 보인다.

- 물을 전기 분해하면 수소와 산소가 발생된다. 일정한 양의 순수한 물이라면 그 결과는 동일하다. 이는 대한민국 물도 USA water도 모두 동일한 결과가 나온다.

- 하지만 무의미 철자를 10개 제시 후 10분 뒤 회상률은 어떠한가? 인지행동치료가 우울증에 미치는 영향은?

- 인간이나 동물의 반응과 관련된 연구는 동일한 결과를 얻기가 무척 어렵다(오히려 동일한 결과가 지속적으로 나온다면 무언가 잘못되었을 가능성이 더 크다).

- 이는 참가자들 간에도 마찬가지이며, 같은 참가자조차도 시간과 상황에 따라 다른 결과를 보인다.

- 통계는 이러한 변산성에 의한 불확실성을 수량화하고, 수량화된 불확실성을 바탕으로 정확하고 일관된 결과를 이끌어 내는 데 있어서 중요한 역할을 한다.

- 통계는 크게 기술통계와 추론(추리)통계로 구분할 수 있다.

- 기술통계(descriptive statistics)는 현상을 체계화하고 요약하는 것으로 학생들이 이미 알고 있는 내용들이다. 분포에서 중심점(대표치)이 어디이고 분포는 얼마나 밀집해 있는지 흩어져 있는지를 나타내는 평균, 표준편차 등이다.

- 또 타자의 타율, 투수의 방어율, 수학과 과학의 관계성의 정도 같은 것도 포함된다.

- 추론통계(inferential statistics)는 과학적 연구의 도구가 되는데 가설검증통계이다. 개관에서 예시했듯이 표본에 근거해서 모집단의 특성을 추론해 내는 것이다.

- 전집(모집단: population)이란 관심의 대상이 되는 공통적인 특징을 지니는

모든 대상이나 사상들의 집합입니다.

- 표본(sample)은 전집에서 추출된 하위집단으로 실제로 표본을 측정하는
경우가 대부분이다.

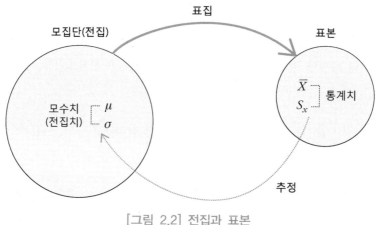

[그림 2.2] 전집과 표본

- 전집(모집단)의 특징들을 모수치(전집치: parameter)라고 하고 표본의 측정
된 특징들은 통계치(statistic)라고 한다.

- 전집치는 μ(뮤, 평균치)와 σ(시그마, 표준편차)로 표기하고, 통계치는 $\overline{X}$(평
균치)와 S_x(표준편차)로 표기한다.

- 우리가 전집치를 알 수 있는 경우는 거의 없으므로 일정한 수의 표본에서
계산된 통계치로 전집치를 추정하게 된다.

- 우리학교 학생들의 키는 어느 정도인지를 알고 싶다면, 모든 우리학교 학
생들(전집)을 다 측정하지 않고 무선적으로 100명(표본)을 선발하여 그 평
균치($\overline{X}$)를 계산한다. 그 $\overline{X}$는 통계치이고 $\overline{X}$에 근거해서 전체 학생의 신
장(μ)을 추정하게 된다.

- 측정(measurement)이란 규칙에 따라 대상에 수치를 부여하는 것이다.

−측정 척도란 측정 절차를 통해 얻을 수 있는 숫자들의 규칙적인 집합을 의미한다.

−모든 척도들은 속성을 지닌다.−크기 / 등간격 / 절대영점

- 크기(magnitude)란 한 사례의 속성이 다른 사례의 속성보다 더 크거나 작거나 같다고 판단될 수 있는 것을 말한다.
- 등간격(equal intervals)이란 측정 단위로 나타나는 속성의 크기가 척도상에서 동일함을 의미한다.
- 절대 영점(absolute zero point)이란 속성이 전혀 존재하지 않는 값을 말한다.

−이러한 척도의 속성에 따라 4개의 척도로 나눌 수 있다.
   a. 명명척도(nominal scale): 크기, 등간격, 절대영점이 존재하지 않는 척도로서 단순히 대상을 분류하거나 구분하는 것
      〈노선버스번호, 학번〉
   b. 서열척도(ordinal scale): 크기만 반영되며, 등간격이나 절대영점의 속성을 지니지 않는 척도
      〈학급의 석차, 키 순서에 따른 번호〉
   c. 등간척도(inerval scale): 크기, 등간격의 속성을 지니며, 절대영점 속성을 지니지 않는 척도
      〈섭씨온도계, 화씨온도계〉
   d. 비율척도(ratio scale): 크기, 등간격, 절대영점의 속성을 지니는 척도
      〈cgs 단위계, 절대온도〉

−사회과학에서 대부분의 개념들은 엄밀한 의미에서 서열척도이다.

−예를 들어, 지능을 생각해 보자. 지능 100과 지능 110의 차이는 지능 140과 150의 차이와 동일하다고 할 수 있으면 그것은 등간척도이지만, 같은 10이라는 보장을 할 수 없다면 서열척도이다.

- 비율척도에서의 특성인 절대영점(absolute zero point)이란 어떤 대상의 속성이 존재하지 않음을 의미하는 것이다. 0cm, 0g, 0초는 길이, 무게, 시간이 0(존재하지 않음)을 의미한다.

- 0℃(섭씨온도)는 물이 얼기 시작하는 점을 의미하는 것이지 온도가 존재하지 않음을 의미하지 않는다.

- 온도는 물체의 분자운동 에너지로 본다면 얼음도 분자운동이 있다.

- 이론적으로 -273℃에서는 물체의 분자운동이 정지되는 지점이다.

- -273℃ ⇒ 0도로 규정하는 것이 절대온도이다. 따라서 절대온도는 절대영점을 지니므로 비율척도이다.

- 비율척도에서는 가감승제가 자유롭게 가능하다.

- 어떤 학급의 수학평균성적이 70점이라는 것은 학생들의 모든 점수를 합해서 인원수로 나눈 것이 70이라는 의미이지만, 원칙적으로는 안 되는 것이다. 수학시험 0점이 수학실력이 없음(0)을 의미하는 절대영점도 아니고 20~30 차이와 90~100 차이가 같다는 것도 보장할 수 없으므로 서열척도에 불과하기 때문이다.

- 측정척도가 중요한 이유 중 하나는 측정 척도에 따라 통계분석 방법이 다르기 때문이다.

- 명명척도와 서열척도로 측정된 변인의 경우 비모수통계(nonparametric statistic) 기법이 사용되며, 등간척도와 비율척도로 측정된 변인의 경우에는 t검증, 변량분석 등과 같은 모수통계(parametric statistic) 기법이 사용된다(이와 관련해서는 뒤에서 추가적으로 다룰 예정이다).

- 변인(variable)이란 사물, 특징, 혹은 사상들의 특정한 집합으로 변할 수 있는 값을 취하는 것이다.

- 변인은 보통 개념적 변인으로 언급되지만, 그 개념이 구체적으로 조작화

되어야 연구가 가능하다.

- 개념적 변인의 예: 지능, 불안, 공격성, 학습능력, 사회계층....

- 예로서 [불안 → 공격행동], [지능 → 도움행동]에 미치는 영향을 연구한다고 해보자.

- 실험자가 조작하는 변인이 독립변인(independent variable)이고 그 결과로 관찰되는 변인이 종속변인(dependent variable, 종속측정치)이다.

- 불안이나 지능은 독립변인이고 결과적으로 관찰되는 공격행동이나 도움행동은 종속변인이다.

- 변인은 또 연속변인(continuous variable)과 비연속변인(discrete variable)으로 구분해 볼 수 있다.
- 1) 연속변인: 변인의 두 값 사이에 무수한 값을 가정할 수 있음.
  2) 비연속변인: 변인의 두 값 사이에 무수한 값을 가정할 수 없음.

- 보통 결과를 그림으로 표시할 때 [연속변인 → 절선도표] [비연속변인 → 막대도표]로 그린다.

- 예를 들어, 카페인 투여량은 1mg과 2mg 사이에 1.00001mg 등 무수한 값을 가정할 수 있어 연속변인이다.

- 교육수준, 소득수준, 학습능력, 불안, 지능 등은 연속변인으로 볼 수 있다.

- 반면에 경기도에 있는 학생의 수, 성별 등은 비연속변인이다.

- 다시 앞의 예로 돌아가서 [불안 → 공격행동]에 미치는 효과를 생각해 보자.

- 도대체 불안이 무엇이고 어떻게 불안이 높은 집단과 낮은 집단을 구분할 수 있는가? 이런 개념적 변인으로는 연구가 될 수 없다.

- 마찬가지로 공격행동은 어떤 것인가? 다른 사람을 때리는 것인가? 어느 정도의 강도로 타인의 신체에 타격을 해야 하는가?

−이런 개념적 변인을 조작적으로 정의해야 측정이 가능하고 연구가 가능하다.

−조작적 정의(operational definition)란 어떤 개념을 측정하거나 조작하는 절차에 따라 정의하는 것이다.

−관찰 가능한 측정절차나 조작에 따라 개념을 정의할 수 없다면 그 개념은 과학에서 추방되어야 한다(Bridgeman, 1927). 이런 입장을 조작주의라 한다.

−어떤 개념에 대한 조작적 정의는 여러 가지가 있을 수 있으며, 조작적 정의라고 모두 좋은 것만은 아니다.

−불안의 조작적 정의의 예
  • 불안검사(MAS)에서의 점수
  • 생리적 측정치(17-OHCS의 량)
  • 눈 깜박임 횟수
  • 손바닥 비비기 강도 등등이다.

−17-OHCS는 스트레스가 높을 때 소변에서 검출되는 당류부신피질 호르몬임.

−지능의 조작적 정의의 예
  • X가 만든 지능검사로 측정된 점수
  • 학교에서의 성적
  • 일정시간 내에 문제를 푼 개수
  • 두개골(머리둘레)의 크기 등등이다.

−어떤 개념적 변인에 대한 조작적 정의는 여러 가지 있겠으나, 측정하려고 의도했던 것을 측정해 내고(타당도), 또 오차 없이 측정해야(신뢰도) 한다.

−타당도(validity)는 측정하고자 했던 내용을 제대로 측정해 내는 것이다.

−신뢰도(reliability)는 측정할 때 오차가 적은 것을 의미한다.

- 어떤 사람이 두개골이 큰 사람은 정보저장 공간이 넓어서 지능이 높을 것 이라는 생각을 하여 머리둘레를 재는 지능검사를 만들었다고 생각해 보자.

- 그것이 과연 우리가 지능이라고 말하는 정신적 능력을 측정하는가?(타당 도가 의심스러움)

- 그러나 오늘 재나 내일 재나 거의 일정한 수치를 얻으므로, 즉 오차가 없 으므로 신뢰로운 측정치이다(신뢰도 매우 높음).

연습문제

문제

* 다음 개념들을 설명하라.

① 변인

② 4가지 측정척도와 그 특성

③ 절대 영점

④ 신뢰도와 타당도

⑤ 조작주의와 조작적 정의

⑥ 전집(모집단)과 표본

⑦ 표집

합의 기호

학습목표 앞으로 매우 빈번히 중요하게 사용될 합의 기호인 $\sum$(시그마)에 익숙해져야 한다. 기호로 표시된 것의 의미를 이해하고 그대로 따라서 계산할 수 있어야 한다. 몇 가지 혼동스러운 표기를 잘 구분하고 익숙해져야 다음에 공부하는 개념들을 이해하는 데 도움이 될 것이다. 특히 합의 기호가 사용된 연산을 익숙하게 할 수 있도록 많은 연습을 해 두는 것이 좋겠다.

─ 이 장에서는 앞으로 자주 사용될 기호를 익히고자 한다.

─ 10명 학생들의 발달심리점수와 인지심리점수가 (각각 20점 만점) 다음과 같다고 해보자.

[표 3.1] 10명 학생의 발달심리점수와 인지심리점수

학생번호	발달심리(X)	인지심리(Y)	$(X+Y)$
1	3	8	11
2	17	15	32
3	20	18	38
4	8	10	18
5	15	12	27
6	13	17	30
7	10	12	22
8	9	14	23
9	14	18	32
10	11	16	27
합계	$\sum X = 120$	$\sum Y = 140$	$\sum (X+Y) = 260$

─ 10명 학생의 발달심리점수의 합은 120점이고 그 평균은 12점이다. 또 인지심리점수의 합은 140점으로 그 평균은 14점이다.

─ 점수들을 합하라는 기호는 $\sum$(시그마)로 표기한다.

─ $\sum\limits_{i=1}^{n} X_i$라는 표시는 X_i점수(발달심리점수)를 $i=1$번 학생부터 n번 학생까지

모두 더하라는 의미이다.

- $\displaystyle\sum_{i=1}^{n} X_i = 120$이고 $\displaystyle\sum_{i=1}^{n} Y_i = 140$이 된다.

- [X_i는 i번째 학생의 X점수]를, [Y_i는 i번째 학생의 Y점수]를 의미하는 것이다.

- 평균은 $\overline{X}$, $\overline{Y}$로 표기할 것이다.

- 기호에 첨자를 표기하는 것이 번거롭기 때문에 줄여서 쓰기도 한다.

- 즉, $\displaystyle\sum_{i=1}^{n} X_i = \sum X$로, $\displaystyle\sum_{i=1}^{n} Y_i = \sum Y$로 표기하기도 한다.

- 평균치는 모든 점수들을 다 더해서 사례수로 나눈 것이므로, 발달심리점수의 평균은 $\overline{X} = \dfrac{\displaystyle\sum_{i=1}^{n} X_i}{N} = \dfrac{\sum X}{N}$으로 쓸 수 있고, 인지심리점수의 평균은 $\overline{Y} = \dfrac{\displaystyle\sum_{i=1}^{n} Y_i}{N} = \dfrac{\sum Y}{N}$로 쓸 수 있다.

- 위 표에서 $\displaystyle\sum_{i=3}^{7} X_i$라고 하면 X_i점수 3번째부터 7번째까지 합하라는 의미이다. 즉, $20+8+15+13+10=61$이 된다.

- $\displaystyle\sum_{i=1}^{n} c$는 상수인 c를 n번 더하라는 의미이다.

  즉, $\displaystyle\sum_{i=1}^{n} c = \underbrace{c+c+c+ \cdots\cdots +c}_{n번} = n \cdot c$가 된다.

- $\displaystyle\sum_{i=1}^{n} (X_i + Y_i)$의 의미는 각 개인의 X점수와 Y점수를 합한 것(위 표의 제일 오른쪽)을 모두 합하라는 의미이다. 이는 $(\sum X_i + \sum Y_i)$와 같다.

$$-\ \boxed{\sum_{i=1}^{n}(X_i + Y_i) = \sum_{i=1}^{n}X_i + \sum_{i=1}^{n}Y_i}\ \text{이다.}\ \ \left[\sum(X+Y) = \sum X + \sum Y\right]$$

- 개인의 총점을 모두 합하는 것이나 발달심리점수의 합계와 인지심리점수의 합계를 더하는 것은 같은 값이 된다.

- 또 각 점수에 일정한 수를 곱해 주고 모두 더하는 것은 각 점수를 모두 합한 것에 일정한 수를 곱해 주는 것과 같다.

$$-\ \boxed{\sum_{i=1}^{n}c \cdot X_i = c \cdot \sum_{i=1}^{n}X_i}\ \text{또는}\ \left[\sum c \cdot X = c \cdot \sum X\right]\text{이다.}$$

- $\displaystyle\sum_{i=1}^{n}X_i^2$ 은 각 점수를 제곱하고 제곱된 결과를 모두 더하라는 의미이다.

- $\displaystyle\left(\sum_{i=1}^{n}X_i\right)^2$ 은 모든 점수를 합한 것을 제곱하라는 의미이다.

- $\displaystyle\sum X_i^2$ 을 위 표에서 검토하면 $3^2 + 17^2 + 20^2 + \cdots\cdots + 14^2 + 11^2$ 하라는 의미이다.

- $\displaystyle\left(\sum_{i=1}^{n}X_i\right)^2$ 은 $\sum X_i = 120$ 이므로 120^2 을 하면 된다.

- 즉 $\displaystyle\sum X^2 \neq \left(\sum X_i\right)^2$ 이다.

- 앞으로 이원변량분석에서 보게 되겠지만, $\displaystyle\sum_{i=1}^{n}\sum_{j=1}^{p}\sum_{k=1}^{q}X_{ijk}^2$ 은 X_{ijk} (jk번째 집단의 i번째 점수)라는 개별 점수를 제곱하여 모두 더하라는 의미이다.

[표 3.2] 변인이 두 개(성별, 카페인)인 자료의 표기법

성별 \ 카페인	b_1 (0g)		b_2 (50g)		b_3 (100g)	
a_1(♂)	−		−		−	
	−		−		−	
	−		−		−	
	−		−		−	
	−	a_1b_1	−	a_1b_2	−	a_1b_3
a_2(♀)	−		−		⊖	
	−		−		−	
	−		−		−	
	−		−		−	
	−	a_2b_1	−	a_2b_2	−	a_2b_3

왼쪽 표에서 ◯표는 X_{123}으로 표시되는데 23집단의 첫 번째 점수이기 때문이다.

− X_{ijk}는 jk번째 집단의 i번째 점수이다.

− 위 표에서 $\sum\sum\sum X_{ijk}^2$ 이라는 표기는 표에 있는 모든 각 수치들을 제곱한 후에 모두 더하라는 의미이다.

− 위 표에서 집단을 표시하는 방법과 $\sum$가 여러 개 겹쳐 있는 것을 예시하였는데, 앞으로 많이 사용되는 것이므로 익숙하게 해둘 필요가 있다.

연습문제

 3장. 합의 기호

문제

* 다음 표의 자료를 보고 문제의 답을 구하라.

학생	국어(X)	영어(Y)	수학(Z)
1	9	8	7
2	6	4	5
3	8	6	2
4	7	5	0
5	4	7	3

① $\displaystyle\sum_{i=1}^{5} X_i$

② $\displaystyle\sum_{i=3}^{5} Y_i$

③ $\displaystyle\sum_{i=1}^{4} Z_i$

④ $\displaystyle\sum_{i=1}^{5} (X_i + Y_i + Z_i)$

⑤ $\displaystyle\sum_{i=1}^{3} (X_i + Z_i)$

⑥ $\displaystyle\sum_{i=1}^{5} 3 \cdot Z_i$

⑦ $\displaystyle\sum_{i=1}^{5} Z_i^2$

⑧ $\left(\sum X_i\right)^2$

⑨ $\sum X_i + \sum 2Y_i$

⑩ $\displaystyle\sum_{i=1}^{5} X_i \cdot Z_i$

⑪ $\displaystyle\sum_{i=1}^{5} (X_i + 2Y_i + 3)$

⑫ $\displaystyle\sum_{i=1}^{5} 8$

⑬ $\displaystyle\sum_{i=1}^{3} 4 \cdot X_i \cdot Y_i$

분포

분포의 특징을 나타내는 집중경향, 변산성, 편포도, 용도와 같은 개념을 이해한다. 특히 분포의 흩어진 정도를 나타내는 변산성의 개념이 매우 중요하다. 그 변산의 정도를 수치로 표시한 변량(표준편차)의 개념은 통계적 개념들을 이해하는 데 매우 중요한 기초 개념이다. 표준편차를 이용하여 표준점수를 만들고 그 표준점수의 개념과 정상분포의 개념이 결합되면 확률을 계산할(읽어 낼) 수 있기 때문이다. 그 확률 계산은 다음 장(상대적 위치)에서 설명된다. 따라서 표준편차, 변량의 개념을 확실히 이해할 수 있어야 앞으로의 통계 공부를 해나갈 수 있다.

4.1. 빈도분포의 유형과 도표

- 20명의 학생이 수학시험을 보았는데 그 점수(10점 만점)들이 다음과 같다고 해보자.

9	0	8	1	7
2	7	2	6	3
6	3	3	4	5
5	5	4	4	5

- 모든 점수들을 그대로 보여 준다고 해서 20명의 학생들의 수학점수의 특징을 한눈에 파악하기는 힘들다.

- 어떻게 하면 효율적으로 자료들의 특징을 기술할 수 있을까?

- 가장 간단한 방법은 각 점수들의 사례수를 제시하는 빈도분포(frequency distribution)이다.

- 단순한 사례수가 아닌 비율로 제시하는 방법을 상대빈도(relative frequency)라 한다.

- 상대빈도는 전체 사례수를 1로 했을 때 상대적 비율이다.

- 특정 점수 이하에 들어가는 수나 비율을 제시하는 방법을 누가빈도, 누가 상대빈도라 한다.

- 누가빈도(cumulative frequency)는 낮은 점수에서부터 빈도를 누적(누가)해 놓은 것이다.

- 누가상대빈도(cumulative relative frequency)는 상대빈도를 누적(누가)시켜 놓은 것이다.

[표 4.1] 20명 학생의 수학점수와 빈도분포표

점수	빈도	상대빈도	누가빈도	누가상대빈도
10	0	.00	20	1.00
9	1	.05	20	1.00
8	1	.05	19	.95
7	2	.10	18	.90
6	2	.10	16	.80
5	4	.20	14	.70
4	3	.15	10	.50
3	3	.15	7	.35
2	2	.10	4	.20
1	1	.05	2	.10
0	1	.05	1	.05
	20	1.00		

- 점수에 따른 빈도(상대빈도, 누가빈도, 누가상대빈도)를 표로 나타낸 것이 빈 도분포표(상대빈도분포표, 누가빈도분포표, 누가상대빈도분포표)이다.

- 표가 아닌 그림으로 표현하면 더 쉽게 분포의 특징을 파악할 수 있는 장 점이 있다.

- 빈도분포는 표외에도 도표로 표시하는 방법도 있다.

- 대표적으로 기둥도표(histogram), 절선도표(polygon), 누가절선도표(ogive) 등이 있다.

- 기둥도표(histogram)는 수평축인 가로좌표에는 점수를, 수직축인 세로좌표에는 빈도(또는 상대빈도) 등을 표시한 도표를 말한다.

- 절선도표(polygon)는 꺾은선 그래프라고도 불리며, 기둥도표가 비연속 변인일 때 사용되는 반면 절선도표는 시간 등의 연속 변인일 때 사용된다.

- 누가절선도표(ogive)는 수직축인 세로좌표에 누가빈도(또는 누가상대빈도) 등을 표시한 도표를 말한다.

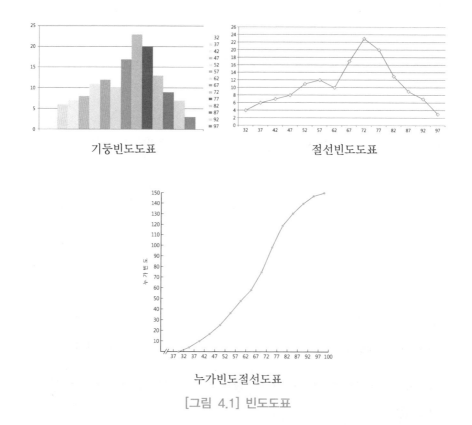

기둥빈도도표 절선빈도도표

누가빈도절선도표

[그림 4.1] 빈도도표

- 이러한 방법은 전체 분포의 특징을 알아보기 쉽게 만들 수 있으며, 어떤 방법을 사용할지는 연구자의 필요에 의해 결정된다.

- 만일 자료가 명명범주(예, 한솥도시락에서 팔리는 도시락 종류, 자녀 양육 형태

등)일 경우에는 막대도표(bar chart)와 원도표(pie chart) 등이 사용된다.

− 일반적으로 명명범주의 빈도는 막대그림표로 표시하는 반면, 상대빈도는
원도표가 사용된다.

− 막대도표는 명명범주 변인임을 표시하기 위해 기둥도표와 달리 인접한 막
대들이 서로 떨어지도록 그려진다.

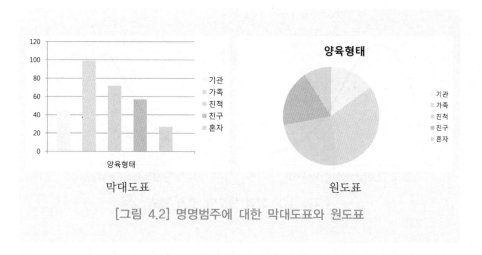

[그림 4.2] 명명범주에 대한 막대도표와 원도표

4.2. 분포의 차이

− 점수치들의 분포는 여러 가지 면에서 다를 수 있다. 즉, 수학점수의 분포
와 과학점수의 분포는 그 평균치도 다를 것이고 분포의 모양도 다를 것이다.

− 분포의 특성을 표시하는 중요한 지표들은
  a. 집중경향(central tendency)
  b. 변산성(variability)
  c. 편포도(skewness)
  d. 용도(kurtosis) 등이 있다.

− 집중경향이란 점수들이 어떤 값을 중심으로 분포하는지를 말하는 것으로

대표적인 중심값을 의미한다. 평균, 중앙치, 최빈치가 그 예들이다.

- 변산성은 점수들이 1) 서로 다른 정도, 2) 흩어진 정도, 3) 평균에서 떨어진 정도를 의미하는 것이다.

- 편포도는 점수들이 대칭적이지 않게 편중되어 분포하는 것을 의미한다.

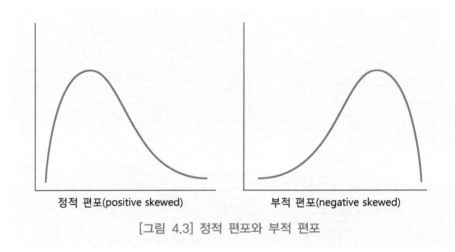

정적 편포(positive skewed)　　　　부적 편포(negative skewed)

[그림 4.3] 정적 편포와 부적 편포

- 용도는 분포의 모양이 평평한지 뾰족한지를 의미하는 것이다.

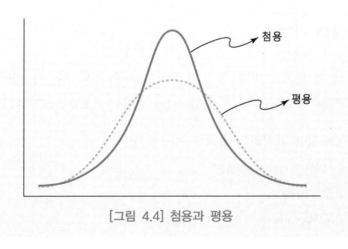

[그림 4.4] 첨용과 평용

- 편포도에서 정적·부적은 꼬리가 늘어진 방향으로 언급된다.

- 편포도와 용도는 분포의 일반적인 형태를 기술할 때 사용되며 앞으로 크게 언급될 일은 없다.

- 하지만 분포의 특징을 보다 정확하게 수학적 지표로 표시하는 방법인 집중경향과 변산성의 개념은 매우 중요하다.

4.3. 분포의 특징

- 분포를 특징짓고 분포들 간의 비교를 위해 집중 경향의 지표와 변산성의 지표가 사용된다.

- 집중경향을 나타내는 지표는 평균, 중앙치, 최빈치가 있으며 분포들이 어떤 값을 중심으로 모여 있는가와 관련되어있다.

- 변산성을 나타내는 지표는 범위, 변량, 표준편차가 있으며, 분포들이 흩어져 있는 정도와 관련되어 있다.

- 집중경향(대표치라고도 한다)의 지표들을 살펴보자.

- 최빈치(mode, Mo)는 분포 중 가장 많이 관찰되는 값이다.

  $(3, 5, 4, 4, 2, 4, 5, 6, 3, 1, 4, 5) \rightarrow (1, 2, 3, 3, \underline{4, 4, 4, 4,} 5, 5, 6)$: 최빈치는 4

- 최빈치의 특징은 가장 많은 값을 대표하며, 실제 분포 내에 존재하는 값이라는 점이다(평균치와 중앙치는 다를 수 있다).

- 또한 명명척도에서도 사용이 가능하다는 장점이 있다(한솥 도시락에서 가장 많이 팔리는 도시락은? 도련님 도시락).

- 하지만 전체 숫자의 집합을 대표하지 못한 경우가 있을 수 있다.

- 중앙치(median, Mdn)는 전체 사례수를 크기순으로 배열했을 때 가운데

위치하는 값이다.

  (5, 8, 2, 7, 21) → (2, 5, 7, 8, 21): 중앙치는 7
  (5, 2, 7, 6, 12, 9) → (2, 5, 6, 7, 9, 12): 중앙치는 ???

- 분포 내 사례수가 홀수인 경우에는 (N+1)/2에 해당되는 값을 선택하면 된다. 하지만 사례수가 짝수일 경우에는 어떤 값을 선택해도 가운데 위치하는 값은 없다.

- 사례수가 짝수일 경우에는 (N/2)와 (N/2)+1번째에 해당되는 두 점수치의 중간값을 중앙치로 본다.

  (5, 2, 7, 6, 12, 9) → (2, 5, 6, 7, 9, 12): 중앙치는 6.5

- 중앙치의 특징은 분포 내 극단적인 값에 크게 영향을 받지 않는다는 장점이 있다. 특히 극단적인 값이 오류로 인해 나온 값일 경우에 장점으로 작용된다.

  (4, 7, 9. 12, 15): 9   (4, 7, 9, 12, 999): 9

- 하지만 수식으로 표현되지 않으며, 분포 내 모든 값들이 반영되지 않았다는 점이 평균과의 차이점이다.

- 평균치(mean, $\overline{X}$)는 점수들의 합을 전체 사례수로 나눈 값이다.

$$\overline{X} = \frac{X_1 + X_2 + \cdots + X_i}{N} = \frac{\sum X_i}{N}$$

- 평균치의 경우 중앙치와 달리 극단적인 값에 크게 영향을 받는다.

  (5, 8, 9, 15, 16) $\overline{X} = 10.6$ (5, 8, 9, 15, 206) $\overline{X} = 48.6$

- 하지만 대수규칙(공식)을 만들 수 있다(여러 증명 과정에 적용 가능).

- 분포의 모든 값들이 반영되어 있으며, 모집단의 특징을 표본을 이용하여 추정할 때 다른 집중 경향치들보다 안정적이다.

− 평균치는 두 가지 중요한 성질을 가지고 있다.

− 첫 번째는 평균치에 대한 점수들의 편차의 합은 0이다.

$$\sum (X_i - \overline{X}) = 0$$

− 두 번째는 평균치에 대한 점수들의 편차의 제곱합은 다른 어떤 값에 대한 점수들의 편차의 제곱합보다 작으며, 이를 최소 자승의 의미(least square sense)라 한다.

[표 4.2] 5개 자료를 통한 최소 자승의 의미 예

X_i	$\overline{X}$	$\sum (X_i - \overline{X})$	$\sum (X_i - \overline{X})^2$
3	5	−2	4
4	5	−1	1
6	5	1	1
2	5	−3	9
10	5	5	25
$\sum X_i = 25$		$\sum (X_i - \overline{X}) = 0$	$\sum (X_i - \overline{X})^2 = 40$
N=5			
$\overline{X} = 5$			

− $\overline{X}$ 대신에 다른 어떠한 값을 사용하더라도 40보다 작을 수는 없다.

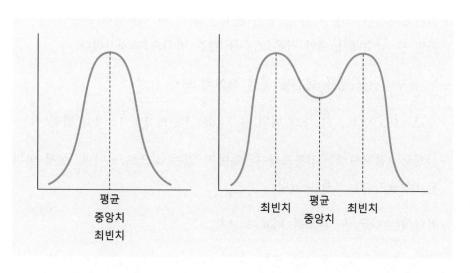

평균
중앙치
최빈치

최빈치　평균　최빈치
　　　중앙치

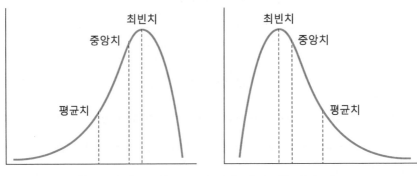

[그림 4.5] 다양한 분포들에서 집중 경향치의 비교

- 평균치가 극단적인 값에 영향을 받는다는 사실을 편포된 분포를 통해 확인할 수 있다.

- 변산성의 개념은 매우 중요하며 통계 공부에서 극복해야 할 첫 고비이다.

- 변산성(variability)은 앞서 언급되었듯이 점수들이 어떤 점을 중심으로 밀집해 있으면 변산은 작고, 많이 흩어져 있으면 변산성은 큰 것이다.

- 이는 개념적인 것이며, 변산성을 수량화한 대표적인 지표들이 범위, 변량, 표준편차 등이다.

- 범위(range)는 가장 낮은 값과 가장 높은 값의 거리를 알려 주는 측정치로 제일 큰 점수에서 제일 작은 점수를 빼는 방식으로 계산된다.

- 두 분포의 변산성을 범위를 통해 확인해 보자.

  A = (8, 9, 10, 11, 12) 범위: 4   B = (6, 8, 10, 12, 14) 범위: 8

- 실제로 A분포보다는 B분포가 더 흩어져 있는 것으로 보이며, 실제 범위도 B분포가 더 크게 나왔다.

- 이번에는 다른 두 분포를 비교해 보자.

  C = (8, 9, 10, 11, 12) 범위: 4   D = (8, 8, 10, 12, 12) 범위: 4

- C분포와 D분포의 범위는 4로 같지만 자세히 보면 흩어진 정도는 다르다.

- 범위는 분포 내의 가장 작은 값과 큰 값만이 반영되기 때문에 변산성을 측정하는 데 있어서 범위는 너무 조잡한 지표이다(심리학 교과서에서 '조잡'이라는 말이 사용되는 건 드문 일이다).

- 앞으로 변산성의 지표로 변량과 표준편차만 사용할 것이므로 자세히 살펴보자.

- 변량과 표준편차는 서로 이어지는 개념이다.

- 가설검증의 개관에서도 언급되었듯이 표준편차를 알아야 표준점수를 알 수 있고, 그 표준점수를 이용해야 확률을 읽어 내는 것이 가능하기 때문이다.

- 표준편차(변량 또는 분산)의 의미를 살펴보면서 변산성을 어떻게 수량화하는지를 살펴보자.

- 앞의 합의 기호에서 제시하였던 발달심리(X)와 인지심리(Y)점수를 예로 들어 살펴보자. 발달심리의 평균은 12점이고 인지심리의 평균은 14점이다.

- 어느 점수들이 더 많이 흩어져 있어 보이는가? (변산이 커 보이는가?) 눈으로 얼핏 보아서는 알기 어려울 것이다.

[표 4.3] 10명 학생의 발달심리와 인지심리점수의 가상적 자료

학생번호	X_i	Y_i	$(X_i - \overline{X})$	$(Y_i - \overline{Y})$	$(X_i - \overline{X})^2$	$(Y_i - \overline{Y})^2$
1	3	8	-9	-6	81	36
2	17	15	$+5$	$+1$	25	1
3	20	18	$+8$	$+4$	64	16
4	8	10	-4	-4	16	16
5	15	12	$+3$	-2	9	4
6	13	17	$+1$	$+3$	1	9
7	10	12	-2	-2	4	4
8	9	14	-3	0	9	0
9	14	18	$+2$	$+4$	4	16
10	11	16	-1	$+2$	1	4
	$\overline{X}=12$	$\overline{Y}=14$			214	106

- 반복하면 변산성이란 점수들이 흩어진 정도, 서로 다른 정도, 평균에서 떨어진 정도라고 하였는데 이 세 가지는 같은 의미이다. 그 이유는 어떤 점수를 기준으로 해서 서로 다른 정도를 살펴야 한다. 그 기준은 $\overline{X}$로 하는 것이 가장 좋다.

- 그래서 개인의 점수와 기준점(평균치) 간의 차이(거리)를 계산해 보자.
  - > 발달심리점수의 경우: $(X_i - \overline{X})$
  - > 인지심리점수의 경우: $(Y_i - \overline{Y})$

- 이런 것을 편차(deviation)라 한다.

- 그 결과는 점수 오른쪽에 표시하였다.

- 그런데 앞서 평균치에서 다루었듯이 $\sum(X_i - \overline{X})$나 $\sum(Y_i - \overline{Y})$는 즉 편차들의 합은 0이 된다.

- 점수들이 평균에서 떨어진 정도를 계산하려면 +쪽으로 떨어져 있는 것과 −쪽으로 떨어져 있는 것을 그냥 더하면 0이 되므로 0이 되지 않게 제곱해서 더하면 된다. (절대값으로 하는 것도 있다. 그렇게 하면 평균편차의 개념이다.)

- 제곱한 결과는 가장 오른쪽에 제시되어 있다.

- 여기서 개념을 정리해 본다.
  - a. X_i: 개인의 점수
  - b. $(X_i - \overline{X})$: 개인 점수가 평균에서 떨어진 거리 $\cdots\cdots$ 편차
  - c. $(X_i - \overline{X})^2$: 거리의 제곱−개인의 면적 $\cdots\cdots$ 편차의 제곱
  - d. $\sum(X_i - \overline{X})^2$: 거리의 제곱의 합−총면적 $\cdots\cdots$ 편차의 제곱의 합
  - e. $\sum(X_i - \overline{X})^2/N$: 평균적인 제곱의 합−평균 면적 $\cdots\cdots$ 평균 제곱 합

- 이 편차를 그림으로 그려 보면 (수학점수만 해보자) 다음과 같다.

−각 편차를 제곱하면 (예, 1번 학생 −6 → 36) 개인의 면적 개념이 된다.

−개인의 면적을 모두 더하면 총면적의 개념이 된다: $\sum (X_i - \overline{X})^2 = 214$

−총면적을 사람 수로 나누면 1인당 평균 면적의 개념이다: $\sum (X_i - \overline{X})^2 / N$
  $= 21.4$

−이것이 변량이다.

−우리가 처음에 알아보려 했던 변산성은 평균에서 떨어진 정도라는 거리 개념이었다.

−따라서 1인당 평균 면적에 $\sqrt{}$ 씌우면 평균적 거리가 나온다.
  ($\sqrt{21.4} \fallingdotseq 4.63$)

−이것이 표준편차이다. [편차를 표준화 → 표준편차]

−표준편차는 원래의 측정단위의 변산성을 나타낸다.

−이는 평균에서 멀리 떨어진 점수도 있고 가깝게 있는 점수도 있지만 평균 적으로 4.63 정도 떨어져 있다는 의미이다.

−즉, 편차를 그냥 합하면 0이 되므로 제곱해서 면적 → 총면적 → 평균 면 적 → $\sqrt{}$ 씌워서 편차를 표준화한 것이 표준편차이다.

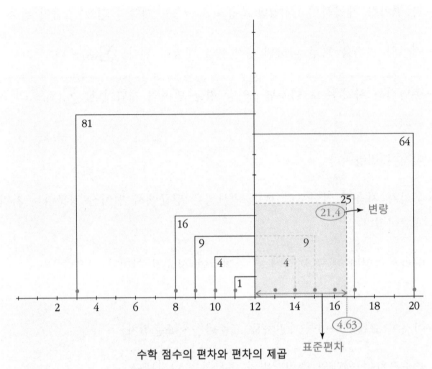

수학 점수의 편차와 편차의 제곱

[그림 4.6] 편차, 편차의 제곱, 평균 자승화 및 표준편차의 도해

- 여기서 용어를 다시 정리해 본다.

  a. $(X_i - \overline{X})$: 편차(deviation) ·· 길이

  b. $(X_i - \overline{X})^2$: 편차의 제곱 ·· 면적

  c. $\sum(X_i - \overline{X})^2$: 편차의 제곱합 ⇒ 자승화(sum of squares: SS) ····· 총면적

  d. $\sum(X_i - \overline{X})^2/N$: ⇒ 평균 자승화(mean square: MS) ··········· 평균 면적

- 이 평균 자승화(MS)를 변량(variance)이라 하기도 하고, 분산이라고도 한다.

- 통계학에서는 분산이라는 용어를 주로 쓰는데 사회과학에 도입될 때 변량
  으로 소개되어 사회과학에서는 변량이란 용어를 주로 사용한다.

- 변량에 $\sqrt{}$ 씌운 것이 표준편차(standard deviation)이다.

- 표준편차의 공식은 $s = \sqrt{\dfrac{\sum(X_i - \overline{X})^2}{N}}$ 이며, 변량(s^2)의 공식은 $s^2 = \dfrac{\sum(X_i - \overline{X})^2}{N}$ 이다.

- 오늘날 변량과 표준편차의 공식은 분모에 N 대신 $N-1$을 사용하는데 이는 사례수(N)보다는 자유도$(N-1)$로 나누는 것이 더 좋다는 이론적인 것이므로 우리는 우선 분모를 N으로 생각하는 것이 개념을 이해하기 쉬울 것이다.

- 자유도(degree of freedom: df)란 분포에 있는 요소들이 자유로운 값을 취할 수 있는 요소의 수이다.

- 예를 들어, 5명의 점수 평균이 60점이라는 것을 안다면

[표 4.4] 5명의 점수 자료에서의 자유도

학생번호	X_i	$(X_i - \overline{X})$
1	80	$+20$
2	40	-20
3	70	$+10$
4	50	-10
5	?	?
	60	$\sum(X_i - \overline{X}) = 0$

5번 학생의 점수는 자유롭지 못하고 60점이 될 수밖에 없다. 즉 $\sum(X_i - \overline{X}) = 0$이 되어야 하므로 자유롭게 값을 취할 수 있는 요소의 수는 $N-1$개가 된다. 이것이 자유도이다.

- 통계학자들이 사례수(N)보다는 자유도$(N-1)$로 나누는 것이 좋다 하니 우리는 그냥 따르면 되는데, 개념적으로는 N으로 이해하는 것이 편하다 (실제로 과거에는 분모를 N으로 계산한 적도 있다).

- s^2(변량, 분산, MS) $= \dfrac{\sum(X_i - \overline{X})^2}{N-1}$

$-s$(표준편차) $= \sqrt{\dfrac{\sum(X_i - \bar{X})^2}{N-1}}$

$-$앞의 예에서 사례수 대신 자유도$(N-1)$로 표준편차를 계산하면

$$s_x = \sqrt{\frac{\sum(X_i - \bar{X})^2}{N-1}} = \sqrt{\frac{214}{10-1}} = \sqrt{\frac{214}{9}} = \sqrt{23.78} \fallingdotseq 4.88$$

$-$인지심리의 경우,

$$s_y = \sqrt{\frac{\sum(Y_i - \bar{Y})^2}{N-1}} = \sqrt{\frac{106}{9}} = \sqrt{11.78} \fallingdotseq 3.43이 된다.$$

$-$즉, 인지심리보다 발달심리의 변산이 큼을(점수들이 많이 흩어져 있음을) 알 수 있다.

$-$변량이나 표준편차의 개념을 이해하는 데는 위와 같은 정의공식이 도움이 되지만 자료가 많을 때 계산을 하려면 $\bar{X}$이 소수점이 될 확률이 많고 그래서 매우 번거롭다. 따라서 $\bar{X} = \dfrac{\sum X}{N}$를 대입해 적절히 변형하면 다음과 같은 계산공식이 된다.

$$s^2 = \frac{\sum(X_i - \bar{X})^2}{N-1} = \frac{N\sum X^2 - (\sum X)^2}{N(N-1)}$$
$$\vdots \qquad\qquad \vdots$$
정의공식 　　　　 계산공식

$-$앞으로 다음과 같은 분포에서 변량과 표준편차는 다음 그림과 같이 표시할 것이다.

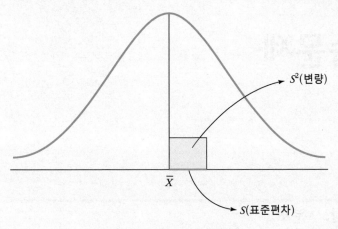

S^2(변량)

$\overline{X}$

S(표준편차)

[그림 4.7] 변량과 표준편차

연습문제

문제

① 상대빈도

② 편포도

③ 변산성

④ 평균치의 특성

⑤ 다음 항목의 명칭과 의미를 설명하라.
  a. $(X_i - \overline{X})$
  b. $(X_i - \overline{X})^2$
  c. $\sum (X_i - \overline{X})^2$
  d. $\sum (X_i - \overline{X})^2 / N - 1$

⑥ 다음의 자료에서 국어(X), 영어(Y), 수학(Z)의 변량과 표준편차를 계산해 보라. (정의공식으로도 해보고 계산공식으로도 해보라.)

학생	국어(X)	영어(Y)	수학(Z)
1	10	8	5
2	8	7	2
3	6	4	3
4	9	2	3
5	8	6	6
6	7	3	4

상대적 위치

앞 장에서 공부한 표준편차의 개념을 이용해서 만들어지는 표준(z)점수의 의미를 이해하면, 어떤 분포 내에서 특정 점수의 상대적 위치인 백분위를 쉽게 구할 수 있다. 이 표준점수의 개념이 정상분포의 개념과 결합되면 강력한 통계적 도구가 되는데, 즉 표준정상(z)분포가 된다. 이 표준정상분포는 이론적 분포이다. 그 곡선하의 면적은 확률(상대적 빈도)을 나타낸다. 따라서 이 분포를 이용하면 우리는 쉽게 확률을 구할 수 있는 것이다. 표준점수의 의미와 특성을 이해하고 z분포에서 확률을 구해 내는 과정을 잘 이해해야 가설검증에서 확률을 구해 낼 수 있다.

- 우리가 앞서 다룬 집중경향의 지표인 평균과 변산성의 지표인 표준편차는 전체 분포의 특징을 알 수 있다는 장점이 있지만 특정 점수의 상대적 위치에 관한 정보는 제공해 주지 않는다.

- 어떤 분포 안에서 특정한 점수가 상대적으로 어떤 위치에 있는지를 아는 것은 유용하다.

A학점 기준 30% B학점 기준 70%	정재은 학생에게 최종 성적을 확인해 보았습니다. 출석 7(10) / 과제 5(10) / 중간 30(40) / 기말 30(40) 총점72(100) 전체 100명 중 15등으로 A+입니다. 한 학기 동안 정말 수고 많았어요!!

- 예를 들어, 통계시험에서 72점을 맞았다면 나는 잘 한 것인가? 아니면 못한 것인가?

- 나의 통계점수는 상위 몇 %에 해당되는지가 궁금할 수 있다.

- 상대적 위치는 보통 백분위로 나타내는데, 백분위는 특정 점수가 어떤 위치에 존재하는지 비율로 나타내는 것이다.

- 만일 나의 72점이 상위 15%에 해당된다면 나의 점수는 .85의 백분위에

해당된다.

－그림으로 표시하면

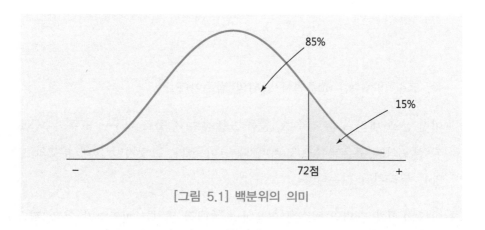

[그림 5.1] 백분위의 의미

－사례수가 무수히 많은 이론적 분포가 아니라면, 이처럼 매끈한 분포가 되지는 않는다. 곡선이 다소 울퉁불퉁한 모양을 가지게 될 것이다.

－즉 72점은 .85의 백분위에 해당되고 .85의 백분위에 해당되는 백분점은 72점이다.

－백분위는 어떤 점수보다 아래쪽(위쪽이 아님)에 들어가는 사례수의 비율로 표시됨을 명심해야 한다.

－중앙치(Mdn)는 사례를 절반으로 나누는 점수이기 때문에 .50의 백분위에 해당된다.

－만일 분포가 정상분포임을 가정할 수 있다면 우리는 백분위를 직접 계산할 필요 없이 이론가들이 계산해 놓은 수표를 이용해서 쉽게 백분위를 구할 수 있다.

－실제로 엄밀한 의미에서 정상분포가 아니더라도 정상분포를 가정할 수 있으면 정상분포의 계산되어 있는 확률을 이용하면 매우 편리하다.

－그러기 위해서는 우선 표준점수와 정상분포의 의미를 알아야 한다.

−표준점수(standard score, Z score)란 어떤 분포 내에서 특정 점수의 편차를 그 분포의 표준편차로 나눈 단위수이다.

$$z_i = \frac{(X_i - \overline{X})}{s_x}$$

−즉, 표준(z)점수란 표준편차 단위의 점수이다.

−어떤 분포 내의 모든 점수(X_i)들을 표준점수(Z_i)들로 바꾸면 표준점수들로 된 분포의 평균은 0이고 표준편차는 1이 된다. 그렇지만 원래 분포의 모양은 달라지지 않는다.

−이 표준편차 단위의 점수를 이용하면 상대적 위치를 파악하기 쉽고, 평균과 표준편차 및 척도의 단위가 다른 여러 가지 점수를 직접 비교할 수 있다.

−예를 들어, 어떤 학년의 성격심리점수는 평균이 60이고, 표준편차가 15였고, 인지심리점수는 평균이 50점이고, 표준편차가 8이었다고 해보자.

−그 학년의 어떤 학생이 성격심리 70점, 인지심리 60점을 맞았다고 하면, 어느 과목의 성적이 더 우수한가? 두 과목이 평균도 다르고 표준편차도 다르기 때문에 직접 비교하기는 어렵다.

−그러나 두 과목의 점수를 표준점수로 변환시키면 평균＝0, 표준편차＝1인 공통 비교의 장에서 그 상대적 위치를 직접 비교할 수 있다.

−그림으로 그려보면 다음과 같다.

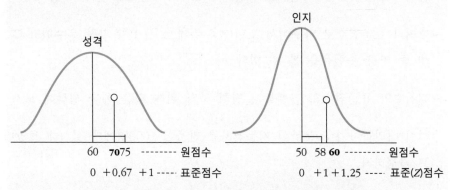

[그림 5.2] 성격점수와 인지점수의 원점수 및 표준점수

$$z_i = \frac{X_i - \overline{X}}{s_x} = \frac{70-60}{15} = +0.67 \qquad z_i = \frac{60-50}{8} = +1.25$$

- 그림에서 보듯이 그 학생은 성격심리보다는 인지심리점수가 훨씬 좋은 것이다.

- 물론 어떤 학년의 학생들의 점수가 이 그림처럼 매끄러운 정상분포는 아닐 것이다. 그러나 그 분포가 정상분포임을 가정할 수 있기에 편의상 매끄러운 분포로 표시하였다.

- 위 그림에서 원점수와 표준점수의 관계, 그리고 표준점수로 바꾸더라도 분포의 모양이 달라지지 않음을 주목하라.

- 표준점수의 중요성을 강조하기 위해 한 가지 예를 더 들어 본다.

- 발달, 학습, 인지의 세 가지 시험에서 A, B, C 학생의 점수를 생각해 보자.

[표 5.1] 세 학생의 발달, 학습, 인지심리점수와 표준점수

학생	발달	학습	인지	총점
A	75(+1)	60(+1)	30(−2)	165(0)
B	50(−0.67)	50(0)	50(+2)	150(+1.33)
C	90(+2)	45(−0.5)	30(−2)	165(−0.5)
⋮	⋮	⋮	⋮	⋮
평균	60	50	40	
표준편차	15	10	5	

─총점에서 A와 C가 165점으로 동점이고, B가 150점으로 셋 중 가장 못했다.

─그러나 표준점수로 바꾸어서 보면(괄호 속에 표시) B가 가장 우수했고 C가 셋 중 가장 못했음을 볼 수 있다.

─원점수와 표준점수의 관계를 분명히 하기 위해 다음 예를 생각해 보자.

─어떤 심리학자가 80문항의 지능검사를 만들어 1000명에게 실시해 보았다고 가정하자.

─80문항의 검사점수에서 1000명의 분포가 다음과 같았다. [평균 45, 표준 편차 10]

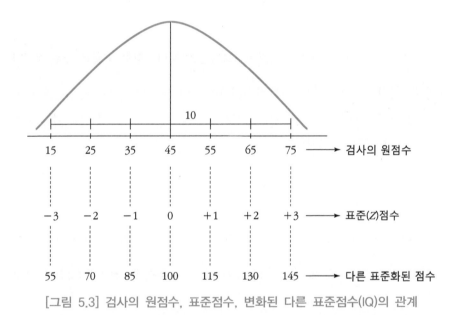

[그림 5.3] 검사의 원점수, 표준점수, 변화된 다른 표준점수(IQ)의 관계

─위 그림의 제일 위쪽 점수는 80문항에서의 원점수(X_i)를 표시하는 것이다.

─두 번째 줄은 원점수를 $\left[\dfrac{X_i - \overline{X}}{s_x}\right]$의 공식에 따라 모든 점수를 표준점수로 바꾼 것이다(표준점수로 바꾸어도 그림 모양이 변함없고, 평균은 0으로 표준편

차는 1로 바뀌는 것을 주목하라).

− 세 번째 줄의 점수는 소위 IQ라는 수치로 바꾸어 놓은 것이다. 예를 들어, 어떤 학생이 총 80문항 중 35문항에 정답을 했다면 원점수는 35점, 표준 점수는 −1이다. 이것이 지능검사이면, 그 학생의 지능은 −1이라고 하면 일반인들이 잘 알기 어렵다. 그래서 평균이 100이고 표준편차가 15인 분포로 바꾸어 놓은 것이다. 즉, 그 학생의 IQ는 85라고 할 수 있다.

− $z_i = \dfrac{(X_i - \overline{X})}{s_x}$ 인데, 모든 점수를 z로 바꾸면 $\begin{bmatrix} \overline{Z} = 0 \\ s_z = 1 \end{bmatrix}$ 이다.

− 일단, $\left[\dfrac{(X_i - \overline{X})}{s_x}\right]$ 로 바꾼 다음에 다시 원하는 평균과 표준편차를 지니는 분포로 바꾸려면 새 표준편차 $\times \left[\dfrac{(X_i - \overline{X})}{s_x}\right]$ + 새 평균을 해주면 된다.

− Wechsler형 지능검사는 평균이 100, 표준편차 15로 구성되어 있다. Binet형 지능검사는 평균이 100, 표준편차 16으로 구성되어 있다.

− 평균이 50이고 표준편차가 10인 점수는 T점수라고 한다.

− 표준점수에 대해 요약해 보면
  - 그 의미는 표준편차 단위로 된 점수이다.
  - 원점수(X_i)를 표준점수(z_i)로 바꾸는 공식은 $z_i = \dfrac{(X_i - \overline{X})}{s_x}$ 이다.
  - 즉, 편차를 표준편차로 나눈 것이다.
  - 분포의 모든 점수(X_i)들을 표준점수로 바꾸면
    그 표준점수들의 평균은 0이고($\overline{z} = 0$), 표준편차는 1이 된다($s_z = 1$).
  - 평균이 0, 표준편차가 1이기 때문에 상이한 척도의 비교가 용이하다.
  - 모든 점수들을 표준점수로 바꾸더라도 그 분포의 모양은 변하지 않는다.

− 이 표준점수의 개념이 정상분포와 합쳐지면 매우 유용한 도구가 될 수 있다.

- 정상분포(normal distribution, 정규분포라고도 한다)는 무한한 사례 수에 근거한 가설적이고 이상적인 이론적 분포이다.

- 정상분포는 좌우대칭의 종모양이며 점근선을 지닌다.

- 정상분포에서는 $\overline{X} = Mdn = Mo$이다.

- 정상분포는 점근선을 (가로축에 붙지 않고 한 없이 나가는) 지니는 이론적 분포이기 때문에, 우리의 현실에서 정확한 정상분포는 없다.

- 그러나 자연 상황에서나 연구에서 관찰되는 많은 현상들(소득, IQ, 신장, 체중, 가슴둘레 등)은 일반적으로 정상곡선을 따른다.

- 물론 완벽한 정상분포는 아니지만 일정부분 정상분포에 준한다면, 그 분포를 정상분포라고 가정하고(우기고) 정상분포를 이용하면 매우 편리한 점이 많다(상대적 위치, 확률 계산 등에서).

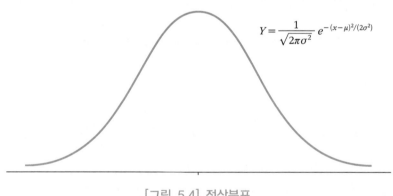

$$Y = \frac{1}{\sqrt{2\pi\sigma^2}} \, e^{-(x-\mu)^2/(2\sigma^2)}$$

[그림 5.4] 정상분포

- 정상분포도 변산성이 (펑퍼짐하거나 날씬한 정도) 다를 수 있다.

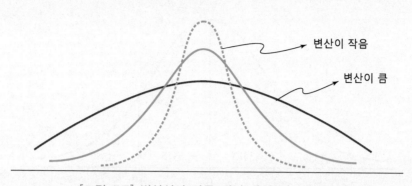

[그림 5.5] 변산성이 다른 여러 가지 정상분포들

− 정상분포 중에서 평균이 0이고, 표준편차가 1이 되도록 만들어 놓은 특별한 분포를 표준정상분포(standard normal distribution, z분포)라고 한다.

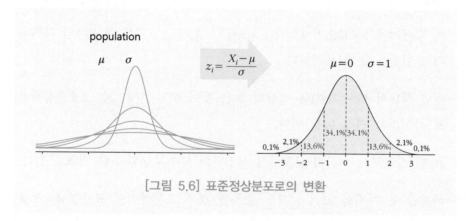

[그림 5.6] 표준정상분포로의 변환

− 이 표준정상분포 곡선 하의 전체 면적은 1이며, 어느 지점부터 어느 지점까지의 곡선하의 면적은 상대적 사례수(확률)를 의미한다.

− 이를 통해 백분위와 백분점을 쉽게 알 수 있다.

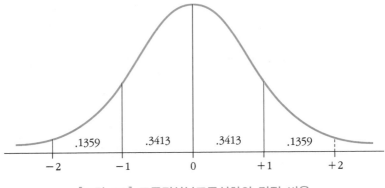

[그림 5.7] 표준정상분포곡선하의 면적 비율

－즉, 평균치(0)에서 아래쪽이나 위쪽으로 1표준편차(－1 또는 ＋1)까지의 면적은 .3413으로 전체 사례수의 약 34%가 포함됨을 의미하는 것이다.

－또 평균치에서 2표준편차까지는 (.3413＋.1359＝.4772) 약 48%의 사례수가 포함됨을 뜻하는 것이다.

－이런 상대적 빈도(확률)를 계산해 놓은 것이 부록 A에 있는 〈표준정산분포 곡선하의 면적 비율〉이다.

－표준정상분포는 이론적 분포로서 모집단의 모수치 μ와 σ를 필요로 한다.

－하지만 두 가지의 조건이 모두 충족될 경우 표본에서도 표준정상분포를 이용할 수 있다.

① 표본이 추출된 전집(모집단)의 분포가 정상분포이어야 한다.

② 표본에는 충분한 사례가 있어야 한다($n \geq 30$).
　　→ 사례수가 20 이하인 경우는 뒤에서 설명하는 t분포를 이용할 수 있다.

－그런데 ①에서 모집단이 정상분포인지를 어떻게 알 수 있는가?

- 표본의 자료를 그림으로 그려 보았을 때 정상분포에서 심하게 벗어나지 않는다면 정상분포로 간주해도 된다. 말을 바꾸면, 전집분포가 정상분포가 아니라는 뚜렷한 이유가 없다면 정상분포로 간주해도 된다.

- 많은 현실에서의 현상들이 엄밀한 의미에서는 정상분포일 수 없지만, 정상분포를 가정할 수 있다면(정상분포 비슷하다면) 이 표준정상분포의 확률을 이용할 수 있는 것이다.

- 다소 확률이 정확하지는 않더라도 너무나 편리하기 때문에 이용한다.

- 즉, 정상분포에 준하는 많은 분포들을 Z점수로 바꾼 후 z분포를 이용한다.

- 전집의 분포가 정상분포가 아니라면 그것을 Z점수로 바꾼다 해도 분포의 모양은 달라지지 않기 때문에 z분포를 이용할 수 없다.

- ②에서 표본의 사례수가 충분해야 한다는 데에서 어느 정도면 충분하다고 할 수 있는가?

- 책마다 그 수치는 다르게 표시되어 있을 수 있는데, 더 클수록 확률은 더 정확할 것이다. 즉, $n \geq 20$, $n \geq 30$, $n \geq 50$ 등으로 표시되는데 20보다는 30보다는 50이 더 정확한 확률을 제공해 준다. 즉, 다다익선이다.

- 우리는 $n \geq 30$ 정도로 생각하고 아무리 적더라도 20보다는 적지 않아야 z분포를 활용할 수 있다고 생각해 두자.

- 부록 A의 표를 보는 방식에 대해 살펴보자.
  제일 왼쪽 열에 z값이 표시되어 있고 그 오른쪽 두 열에는 분포의 몸통과 꼬리부분의 면적(확률)이 제시되어 있다.

- 예를 들어 평균이 50이고 표준편차가 10인 정상분포에서 55점의 백분위는 얼마인지를 알아보려 한다면

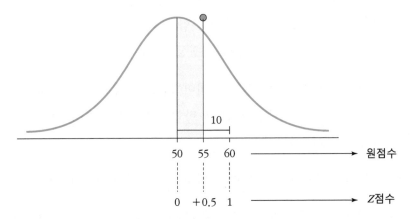

[그림 5.8] 표준(z)점수를 이용하여 확률을 계산하는 예(1)

- 우선 55점을 Z점수로 바꾼다. $Z_i = \dfrac{X_i - \overline{X}}{s_x} = \dfrac{55 - 50}{10} = +0.5$가 된다. z표를 이용하여 $0 - 0.5$ 사이의 몸통 면적이 .1915임을 알 수 있다. 50점 이하($z = 0$의 왼쪽)는 .5이므로 .5 + .1915 = .6915가 55점(+0.5 표준점수) 이하에 속하게 된다.

- 즉, 55점의 백분위는 .6915가 되는 것이다.

- 표에서 몸통 면적과 꼬리 면적을 합치면 언제가 .5가 됨을 주목하라.

- 하나의 예를 더 들어보자. 평균이 50이고 표준편차가 10인 정상분포에서 55점과 65점 사이에는 사례수가 몇 %가 포함되는가?

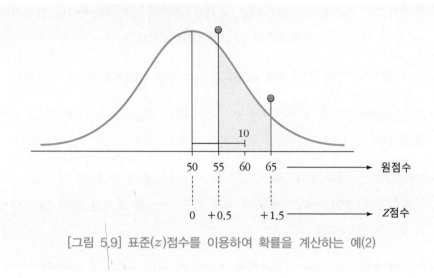

[그림 5.9] 표준(z)점수를 이용하여 확률을 계산하는 예(2)

- 이는 [그림 5.9]에서 짙은 색 부분의 면적을 구하면 된다. 즉, +0.5~+1.5 사이의 면적을 구하면 된다.

- 0~+0.5까지의 몸통 면적은 .1915이다.
  0~+1.5까지의 몸통 면적은 .4332이다.

- 1.5까지의 몸통 면적(.4332)에서 +0.5까지의 몸통 면적(.1915)을 빼주면 .4332−.1915=.2417이 된다.

- 즉, 약 24%의 사례가 +0.5~+1.5(원점수는 55점~65점) 사이에 포함된다.

- 요약하면 원점수를 표준점수로 바꾸고 해당되는 확률을 부록 표A에서 계산해 내면 되는 것이다.

- 지금까지 (표준편차 → 표준점수)와 정상분포의 개념을 결합하여 확률을 계산해 내면 되는 것이다.

- 즉, 가설검증에서 확률을 계산하는 것을 우리가 하지 않고 부록 표A를 활용하여 할 수 있음을 보았으며, 가설검증을 위한 어느 정도의 준비가 된 셈이다.

- 본격적으로 추리통계(가설검증)로 넘어가기 전에 사회과학에서나 일상적으로 많이 사용되는 상관계수의 개념을 살펴보기로 한다.

- 다음 장으로 넘어가기 전에 T점수(T score)를 추가적으로 다루어 보자.

- Z점수가 평균이 0, 표준편차가 1인 것과 달리 T점수는 평균이 50, 표준편차를 10의 단위로 변환시킨 점수이다.

- Z점수가 있음에도 불구하고 T점수를 사용하는 이유는 Z점수의 경우 (−) 부호와 소수점이 나오기 때문에 여러 가지 면으로 불편한 점이 있다(당신의 점수는 −1.236입니다. 네???).

- 이러한 Z점수가 지니는 불편함을 보완하기 위해 T점수가 사용되고 있다.

- 이외에도 수능의 표준 점수나 Wechsler IQ점수 등에서 이러한 표준점수의 개념들이 사용되고 있다.

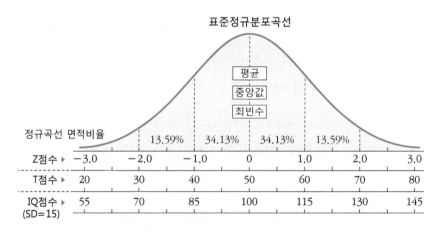

[그림 5.10] 다양한 표준화시킨 점수들

연습문제

🔖 5장. 상대적 위치

문제

① 어떤 분포에서 특정 점수의 백분위는 그 점수(아래쪽, 위쪽)에 있는 비율을 의미한다.

② 어떤 점수(X_i)를 표준점수(z_i)로 바꾸는 공식은 어떻게 되는가? 그 표준점수의 의미는 무엇이고, 어떤 특성을 보이는가?

③ 정상분포는 어떤 분포인가? 현실에서 정상분포는 존재하는가?

④ 표준정상(z)분포의 특징을 설명하고, 그 분포를 이용하기 위한 조건을 두 가지 언급해 보라.

⑤ 평균이 80이고 표준편차가 10인 정상분포, 즉 $N(80, 10)$일 경우, $n = 1$명을 뽑았을 때,
   a. 그 점수가 90점 이상이 될 확률은?
   b. 그 점수가 75점~90점 사이가 될 확률은?
   c. 그 분포에서 85점의 백분위는?

⑥ 어떤 시험을 보았더니 그 평균이 65점이고 표준편차가 5점이었다. 평균이 100이고 표준편차가 15인 분포가 되게 하려면 어떻게 해야 하는가?

⑦ 국어(X), 영어(Y), 수학(Z) 시험을 보았는데, 세 학생의 점수는 다음과
  같았다. 세 학생을 비교해 보라.

학생	국어(X)	영어(Y)	수학(Z)
1	50	60	40
2	60	30	60
3	70	50	30
⋮			
	$\overline{X} = 50$	$\overline{Y} = 45$	$\overline{Z} = 40$
	$s_x = 10$	$s_y = 8$	$s_z = 5$

회귀와 상관

산포도에서 두 변인 사이의 관계성을 나타내는 회귀선을 그어 예언한다면 예언에서의 오차를 줄이고 보다 더 정확히 예언할 수 있다. 산포도의 흩어진 정도를 표시하는 일종의 표준편차인 예언의 표준오차 $s_{y \cdot x}$(x에 근거하여 y를 예언할 때의 표준편차)를 이해하는 것이 매우 중요하다. 이 책에서 공부하는 두 번째 유형의 표준편차이다. 회귀선에서 전체 편차가 예언함으로써 줄어드는 편차와 예언하고 나서도 남는 편차로 나눠지는 것을 그림으로 기억해 두어야 한다. 그 그림에 근거하여 Pearson이 적률상관계수(r)를 유도해 내는 과정을 이해하고 r의 의미를 이해할 수 있어야 한다.

6.1. 회귀

− 회귀(regression)란 어떤 변인(X)에 근거하여 다른 변인(Y)을 예언하는 것이다.

− 두 변인 사이에 어느 정도의 관계성이 존재할 때 예언하는 의미가 있다.

− 예로서, 성격심리점수와 학습심리점수 간에 관계가 거의 없다면 어떤 학생의 성격점수가 몇 점인지를 아는 것이 인지점수가 몇 점일지를 예언하는 의미가 없다.

− 그러나 학습심리점수(X)와 인지심리점수(Y) 간에 상당한 관계성이 존재한다면 어떤 학생의 학습심리점수를 아는 것이 그 학생의 인지심리점수를 예언하는 데 도움이 될 것이다.

− 두 변인 사이의 관계성은 직선적 관계, 곡선적(2차 함수적, 3차 함수적...) 관계 등 여러 가지가 있겠으나 여기서는 직선적(선형적) 관계만을 다룰 것이다.

−예를 들어, 10명의 학생들의 학습심리점수와 인지심리점수가 다음에 제시
된 것과 같다고 해보자. 그것을 학습(X축)과 인지(Y축)의 평면에서 점으로
표시해 보면 다음과 같다.

[표 6.1] 10명 학생의 가상적인 학습심리와 인지심리점수

학생	학습심리(X)	인지심리(Y)	XY	X^2	Y^2
1	50	45	2250	2500	2025
2	80	70	5600	6400	4900
3	60	60	3600	3600	3600
4	35	30	1050	1225	900
5	45	50	2250	2025	2500
6	75	80	6000	5625	6400
7	65	55	3575	4225	3025
8	70	40	2800	4900	1600
9	90	80	7200	8100	6400
10	40	45	1800	1600	2025
	$\sum X = 610$	$\sum Y = 555$	$\sum XY = 36125$	$\sum X^2 = 40200$	$\sum Y^2 = 33375$

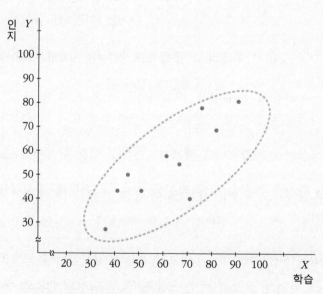

[그림 6.1] 학습심리와 인지심리에 관한 산포도

- 이와 같은 그림을 산포도(scatter plot)라 한다.

- 즉, 산포도는 점수 쌍들의 집합에 관한 그림이다.

- 산포도에서의 점들은 대략 타원형의 직선적 관계를 보여 준다.

- 즉, 학습점수가 높을수록 인지점수도 높은 경향이 있다.

- 다음 그림을 살펴보면서 두 변인 사이의 관계성의 정도를 생각해 보자.

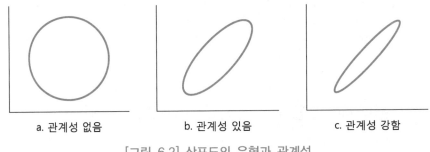

a. 관계성 없음   b. 관계성 있음   c. 관계성 강함

[그림 6.2] 산포도의 유형과 관계성

- 생각할 수 있듯이 산포도의 모양이 뚱뚱할수록 관계성은 없거나 약하며, 날씬해질수록(a → b → c) 관계성이 강하다.

- 완전한 관계성은 직선(모든 점들이 직선상에 존재)으로 나타난다.

- 이런 관계성이 존재할 때 그 관계식을 알 수 있으면 예언에 도움이 된다.

- 산포도의 중앙을 관통하는(?) 직선을 그어 그 직선의 관계식에서 예언을 할 수 있다.

- 그 직선이 회귀선(regression line: $\hat{Y}$; 예언된 Y)이다.

- 이와 같이 직선적 관계일 때 회귀선은 $\hat{Y} = ax + b$로 나타낼 수 있다.

- 산포도의 중앙을 관통하도록 직선을 긋는 것도 여러 가지가 있을 수 있다.

- 다음 그림을 보자.

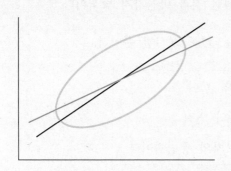

두 직선(여러 개일 수 있음) 중 어느 것이 중앙을 관통하는 것인가? 말을 바꾸면 어떻게 회귀선을 그어야 하는가?

[그림 6.3] 산포도에서 회귀선 긋기

─ 회귀선을 긋는 기준은 예언을 하고 나서 오차를 최소화하도록 그어야 한다.

─ 이 기준이 최소자승기준이다.

─ 최소자승기준(least square criterion)은 $\sum(Y_i - \hat{Y})^2$을 최소화하는 기준이다.

─ 단순화시켜서 설명하기 위해 다음 그림을 생각해 보자.

─ 그림에서 $(Y_i - \hat{Y})$는 일종의 편차(deviation)이다. 이 편차는 $\hat{Y} = ax + b$라는 관계에서 예언하고 나서도 남는 오차(error)이다.

─ 어떤 편차는 ＋이고 어떤 편차는 －일 것이기 때문에 그냥 더하면 0이 되므로, 0이 되지 못하게 제곱하여 그 면적을 더해 보자.

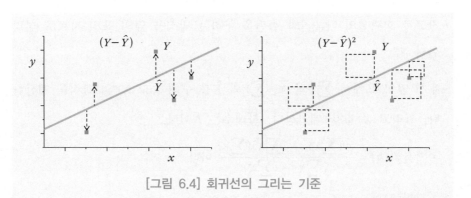

[그림 6.4] 회귀선의 그리는 기준

−앞의 표준편차의 개념에서 설명했던 것과 마찬가지 방식이다.

−즉, $(X_i - \overline{X})$ 대신 여기에서는 $(Y_i - \hat{Y})$로 표시될 뿐이다.

> • $(Y_i - \hat{Y})$: 예언하고 남는 오차의 길이
>
> • $(Y_i - \hat{Y})^2$: 예언하고 남는 오차의 면적
>
> • $\sum (Y_i - \hat{Y})^2$: 예언하고 남는 오차의 총면적이다.

−오차의 총면적이 가장 적도록 회귀선을 긋는 것이 최소자승기준이다.

−위 [그림 6.3]에서 검은 직선과 파란 직선 중 어느 것이 더 좋으냐 하는 것은 예언하고 나서의 오차가 어느 것이 더 적냐에 따라(즉, 총오차면적에 따라) 결정되는 것이다. 즉, 검은 선을 기준으로 한 $\sum (Y_i - \hat{Y})^2$과 파란 선을 기준으로 한 $\sum (Y_i - \hat{Y})^2$의 오차 면적을 비교해 보면 이해에 도움이 될 것이다.

−이러한 가상적인 직선이 매우 여러 개 있을 수 있으므로 그중에서 $\sum (Y_i - \hat{Y})^2$이 최소가 되는 직선을 회귀선이라 한다.

−회귀선을 긋는다는 것은 $\hat{Y} = ax + b$에서 기울기 a와 절편 b를 결정하면 된다는 것이다.

−우리는 회귀선을 직접 그어 보고 그 회귀선의 방정식을 구할 필요는 없다.

−참고로 회귀선의 기울기와 절편을 구하는 방식을 앞의 표의 자료로 설명한다.

−우선 앞의 표에서 $\sum X$와 $\overline{X}$, $\sum Y$와 $\overline{Y}$를 구해 놓고 XY의 교적을 계산한다. 그리고 X^2값을 계산한다. 사례수는 N이다.

• 기울기$(a) = \dfrac{N(\sum XY) - (\sum X)(\sum Y)}{N \sum X^2 - (\sum X)^2}$이다.

• 절편$(b) = \overline{Y} - a\overline{X}$

- 위 자료의 회귀선을 계산해 보면, $\hat{Y} = 0.76X + 9.14$가 된다.

- 이 공식은 최소자승기준을 충족하는 회귀선을 구하는 공식이다.

- 위 표에서 학습 50점 맞은 1번 학생은 $\hat{Y} = 0.76 \times 50 + 9.14 = 47.14$로 예언된다. 그런데 그 학생은 실제로 인지를 45점 맞았다. 따라서 $(Y_i - \hat{Y}) = 45 - 47.14 = -2.14$의 오차가 생기는 것이다.

- 앞서 언급되었듯이 이런 오차는 산포도가 날씬할수록 작아지며 완전한 직선적 관계에서는 오차가 0이다. 모든 점들이 직선 위에 존재하기 때문이다.

- 앞장에서 분포의 뚱뚱하고 날씬한 정도를 표준편차(변량)로 나타냈듯이, 이 산포도의 뚱뚱하고 날씬한 정도도 표준편차로 나타내 보자.

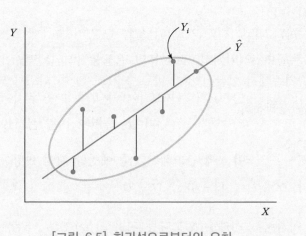

[그림 6.5] 회귀선으로부터의 오차

- 다시 위의 그림을 생각해 보자. 산포도 내에서 어떤 점들은 회귀선에 멀리 떨어져 있고(예언하고 나서도 오차가 큼), 어떤 점들은 회귀선 가까이에 있고(예언하고 나서 오차가 적음), 어떤 점은 회귀선상에 존재한다(예언하면 오차 없음).

- 산포도 내의 점들이 회귀선에서 평균적으로 어느 정도 떨어져 있는지를 생각해 보자.

- 이를 예언의 표준오차(standard error of estimate, $s_{y \cdot x}$)라 부른다.

- 우선 $(Y_i - \hat{Y})$는 개인의 점수가 회귀선에서 떨어진 거리를 나타내는 편차이다. 이 편차들은 +인 경우도 -인 경우도 있다.

- 따라서 이 편차를 제곱하여 면적으로 바꾸고 그 면적들을 모두 더해 총면적을 구한 다음 사례수로 나누면 1인당 평균 면적에 해당된다.

- $(Y_i - \hat{Y})$: 오차 거리   ……   편차
- $(Y_i - \hat{Y})^2$: 오차 면적   ……   편차의 제곱
- $\sum (Y_i - \hat{Y})^2$: 총 오차 면적   ……   편차의 제곱의 합(자승화)
- $\dfrac{\sum (Y_i - \hat{Y})^2}{N}$: 평균 오차 면적   ……   평균자승화

- 최소자승기준에서 언급된 것이 바로 $\sum (Y_i - \hat{Y})^2$이 최소가 되도록 하는 것이었음을 생각하라.

- 바로 $\dfrac{\sum (Y_i - \hat{Y})^2}{N}$이 X에 근거해서 Y를 예언할 때의 변량이며, $s_{y \cdot x}^2$으로 표기된다.

- 그런데 여기서도 사례수(N)보다는 자유도($N-2$)로 나누는 것이 좋다고 하니 우리는 그 충고에 따르면 된다. 즉, $s_{y \cdot x}^2 = \dfrac{\sum (Y - \hat{Y})^2}{N-2}$이다.

- 앞서 배웠던 표준편차의 개념과 비교해 보자.

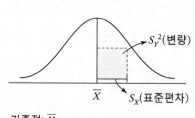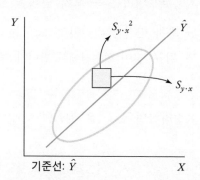

[그림 6.6] 표준편차와 예언의 표준오차 비교

a. $(X_i - \overline{X})$: 개별 점수가 평균에서 떨어진 거리 – 즉, 편차

b. $(X_i - \overline{X})^2$: 개인의 면적

c. $\sum(X_i - \overline{X})^2$: 총 면적(자승화)

d. $\sum(X_i - \overline{X})^2/N-1$

　: 1인당 평균 면적 – 즉, 변량 또는 평균자승화(MS)

a. $(Y_i - \hat{Y})$: 개별점수가 회귀선에서 떨어진 거리 – 즉, 편차(오차)

b. $(Y_i - \hat{Y})^2$: 면적 개인의 면적

c. $\sum(Y_i - \hat{Y})^2$: 총 (오차)면적

d. $\sum(Y_i - \hat{Y})^2/N-2$

　: 1인당 평균 오차 면적 – 즉, 변량

－X에 근거해서 Y를 예언하는 회귀선에서의 변량은 $s_{y \cdot x}{}^2$으로 표시하는데,
$s_{y \cdot x}{}^2 = \dfrac{\sum(Y_i - \hat{Y})^2}{N-2}$이다.

－여기서 자유도가 $N-2$인 이유는 회귀선을 고정하는 데 두 점이 필요하기 때문에 자유로운 값을 취할 수 있는 산포도 내의 점들의 수는 $N-2$이기 때문이다.

－변량 $s_x{}^2 = \dfrac{\sum(X_i - \overline{X})^2}{N-1}$에 $\sqrt{}$를 씌워 표준편차 $s_x = \sqrt{\dfrac{\sum(X_i - \overline{X})^2}{N-1}}$를 만들었듯이, $s_{y \cdot x}{}^2$에 $\sqrt{}$를 씌워 예언의 표준편(오)차 $s_{y \cdot x} = \sqrt{\dfrac{\sum(Y_i - \hat{Y})^2}{N-2}}$를 만들 수 있다.

- $s_{y \cdot x}{}^2$의 의미는 총 오차 면적을 사례수(자유도)로 나눈 것이므로 1인당 평균 오차 면적의 의미이며, $s_{y \cdot x}$는 그 평균 면적에 $\sqrt{}$ 를 씌운 것이므로 1인당 평균 길이(회귀선에서 떨어진 평균적 거리)의 의미이다.

> 정리하면 $s_{y \cdot x}{}^2$은 예언의 오차변량이고: $\dfrac{\sum(Y_i - \hat{Y})^2}{N-2}$
>
> $s_{y \cdot x}$는 예언의 표준오차이다: $\sqrt{\dfrac{\sum(Y_i - \hat{Y})^2}{N-2}}$

- 예언의 표준오차인 $s_{y \cdot x} = \sqrt{\dfrac{\sum(Y_i - \hat{Y})^2}{N-2}}$ 을 계산할 때에는 다소 복잡해 보이지만 계산공식을 이용하는 것이 편리하다. 정의공식에서는 $\hat{Y}$는 매 X값마다 달라지기 때문이다.

$$s_{y \cdot x} = \sqrt{\dfrac{\sum(Y_i - \hat{Y})^2}{N-2}} \quad \text{[정의공식]}$$

$$= \sqrt{\left[\dfrac{1}{N(N-2)}\right] \cdot \left[N\sum Y^2 - \left(\sum Y\right)^2 - \dfrac{\left[N\sum XY - \left(\sum X\right)\left(\sum Y\right)\right]^2}{N\sum X^2 - \left(\sum X\right)^2}\right]}$$

$$\text{[계산공식]}$$

- 회귀선에 근거해서 학습심리(X)점수를 알 때 인지심리점수를 추정($\hat{Y}$)하는 것은 점 추정이다. (1번 학생: $X = 50 \Rightarrow \hat{Y} = 51.32$)

- 직선적 관계성이 완벽하지 않다면(즉, 모든 점들이 직선 위에 존재하지 않는다면), 점 추정 후에 오차가 생기게 마련이다. ($Y_i - \hat{Y}$)

- 이번에는 회귀선에서의 표준편차를 이용하여 구간 추정하는 것을 알아보자.

- 1번 학생의 학습점수는 50점이다. 인지점수를 점으로 추정($\hat{Y}$)하면 51.32점이지만, 1번 학생의 인지점수가 ( )점에서 ( )점 사이에 존재할 확률이

68%이라든가 〈 〉점에서 〈 〉점 사이에 존재할 확률이 약 95%이라고 말할 수 있는데, 이것이 구간 추정이다(즉, 신뢰 구간이다).

- 회귀선의 표준편차(예언의 표준오차, 즉, X에 근거하여 Y를 예언할 때의 표준편차: $s_{y \cdot x}$)를 알면 부록 A의 표준정상분포곡선을 이용하여 신뢰 구간을 쉽게 구할 수 있다.

- 회귀선의 방정식이 $\hat{Y} = 0.76X + 13.32$이고 그 표준오차가 $s_{y \cdot x} = 10.3$일 때 학습(X)=50인 학생의 인지점수(Y)는 (?~?) 사이일 확률이 68%이라는 신뢰 구간을 구해 보자.

- 표준정상분포곡선하에서 -1과 $+1$ 사이에(즉, 아래 위로 한 표준편차 사이에) 약 68%의 사례수가 포함된다(.3413 × 2 = .6826).

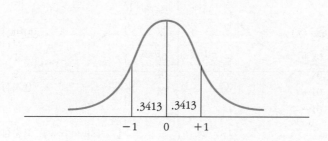

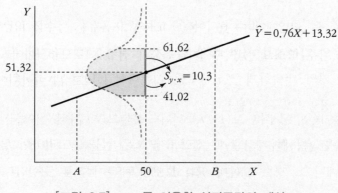

[그림 6.7] $s_{y \cdot x}$를 이용한 신뢰구간의 계산

- 마찬가지로 회귀선에서도 +1 표준편차(+10.3)와 −1 표준편차(−10.3) 사이에 사례수의 약 68%가 포함된다. 따라서 68%의 신뢰 구간은 점 추정치인 51.32에서 ±10.3($s_{y \cdot x}$) 해주면 41.02~61.62가 된다.

- 이 산포도를 평면적으로 그려서 잘 이해되지 않을 수 있으나 산포도를 길쭉하고 둥근 무를 반 잘라 엎어 놓은 것으로 생각해 보라.

- A지점을 자르나, 50점 지점을 자르나, B지점을 자르나, 그 단면은 대략 정상분포 모양을 한다(사례수가 충분하다면).

- 50점 지점을 잘랐을 때 단면은 대략 다음과 같다.

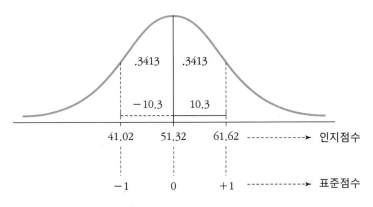

[그림 6.8] $X = 50$에서의 산포도 절단면

- 물론 무의 가운데를 자를 때와 끝부분을 자를 때의 단면이 똑같을 수는 없으나 거의 비슷하게 정산분포를 이룬다고 가정하고 하나의 표준편차 $s_{y \cdot x}$를 공통적으로 적용한다.

- 그 이유는 $s_{y \cdot x}$를 계산할 때 산포도에 모든 점들을 고려하여 평균적으로 회귀선에서 그 정도 떨어져 있다고 보기 때문이다.

- 학습심리가 50점일 때, 인지심리점수의 95% 신뢰 구간을 구한다면 마찬가지로 과학점수는 51.32점으로 점 추정될 것이다.

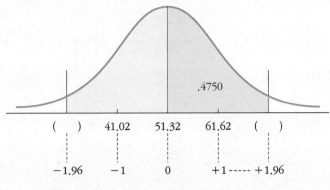

[그림 6.9] $X = 50$에서 95% 신뢰구간의 계산

- 사례수의 95%를 즉 .95를 포함하려면 한쪽에 .4750씩 포함하면 되는데
그 Z값은 $+1.96$(부록 A)이 된다. 즉, ±1.96 표준편차를 자르면 그 사이
에 사례수의 95%가 포함된다. 그런데 한 표준편차($s_{y \cdot x}$)가 10.3이므로 원
점수로 계산하려면 $51.32 \pm 1.96 \times 10.3$ 하면 된다. 51.32, 20.19와 51.32+
20.19(31.13~71.51)이 95%의 신뢰 구간이 된다.

- 앞에서 산포도가 날씬할수록 두 변인 사이의 관계성이 강하다는 것을 보
았다.

- 산포도가 날씬할수록 $s_{y \cdot x}$도 작아지고 예언에서의 오차도 작다.

- 그런데 두 변인 사이의 관계성이 어느 정도로 강한지를 하나의 수치로 표
시한 것이 상관계수(Pearson의 적률상관계수 r)이다.

6.2. 상관

- 그 상관계수의 의미를 살펴보도록 한다.

- 상관계수의 의미를 이해하기 위해서는 다음 그림을 거의 암기해야 된다.

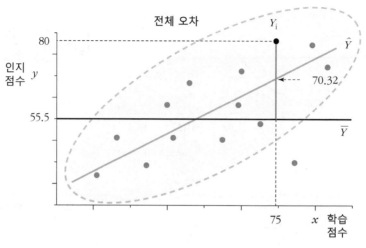

[그림 6.10] 산포도에서 편차의 분할(1)

- 위 그림은 회귀선을 언급할 때의 그림에다 인지심리점수의 평균($\overline{Y}$)을 추가한 것이다.

- [표 6.1]에서 학습심리 75점, 인지심리 80점 맞은 6번 학생의 예를 들어 보자.

- $\hat{Y} = 0.76X + 13.32$라는 회귀선에서 그 학생의 인지심리점수는 $\hat{Y} = 70.32$로 예언된다.

- 그런데 그 학생의 실제 인지심리점수는 80점이었고, 인지심리점수의 전체 평균은 55.5점이었다.

- 그 관계를 그림으로 표시한 것이 [그림 6.10]이다.

- 그런데 6번 학생의 인지심리점수는 몇 점이겠는가? (그 학생의 학습심리 점수를 알려 주지 않고 인지심리의 전체 평균이 55.5점이라는 것만 알려 준 상태에서)라고 물어 본다면 우리는 아무런 정보도 없기 때문에 전체 평균 $\overline{Y}$(55.5)으로 예언할 수밖에 없을 것이다. 그런데 그 학생의 인지심리

점수가 80점이므로 24.5점의 오차가 생긴다.

– 그러나 학습심리와 인지심리의 관계가 $\hat{Y} = 0.76X + 13.32$이고 그 학생의
학습심리점수가 75점이라는 것을 안다면 아마도 70.32라고 예언할 것이다.

– 그렇게 예언하더라도 그 학생의 실제 인지심리점수가 80점이므로 9.68점
의 오차가 생긴다. 그렇지만 $\overline{Y}$로 예언하는 것보다는 14.82점만큼 오차가
줄어들었다.

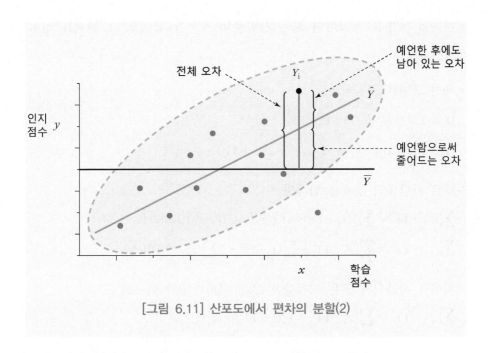

[그림 6.11] 산포도에서 편차의 분할(2)

– 이 관계를 수식으로 표시하면,

$$(Y_i - \overline{Y}) \quad = \quad (Y_i - \hat{Y}) \quad + \quad (\hat{Y} - \overline{Y}) \text{이다.}$$

$$(80 - 55.5) \quad = \quad (80 - 70.32) \quad + \quad (70.32 - 55.5)$$

| 전체오차 | 예언하고 나서도
남는 잔여오차 | 예언함으로써 줄일 수
있는 오차 |

─ 위의 식에서 $(Y_i - \hat{Y})$는 X와 Y의 관계를 표시하는 회귀선으로 예언하고 나서도 여전히 남는 오차이다. 이 오차가 최소가 되도록 하는 즉 $\sum(Y_i - \hat{Y})^2$이 최소가 되도록 하는 것이 최소자승기준이었음을 기억하라.

─ $(\hat{Y} - \bar{Y})$는 관계식 즉 회귀선의 방정식을 안다면 줄일 수 있는 오차이다.

─ 위의 식은 한 개인(예, 6번 학생)의 경우인데, 다른 학생의 경우는 그 편차가 ─로 나올 수도 있다.

─ 따라서 양변을 제곱하여 모든 사람들의 경우를 합해도 그 관계는 성립된다.

─ 우선 양변을 제곱하면,

$$(Y_i - \bar{Y})^2 = \left[(Y_i - \hat{Y}) + (\hat{Y} - \bar{Y}) \right]^2$$

$$(Y_i - \bar{Y})^2 = (Y_i - \hat{Y})^2 + (\hat{Y} - \bar{Y})^2 + 2(Y_i - \hat{Y})(\hat{Y} - \bar{Y}) \text{이다.}$$

─ 모든 사람들의 경우를 합하면,

$$\sum(Y_i - \bar{Y})^2 = \sum \left[(Y_i - \hat{Y})^2 + (\hat{Y} - \bar{Y})^2 + 2(Y_i - \hat{Y})(\hat{Y} - \bar{Y}) \right]$$

$$\sum(Y_i - \bar{Y})^2 = \sum(Y_i - \hat{Y})^2 + \sum(\hat{Y} - \bar{Y})^2 + 2\sum(Y_i - \hat{Y})(\hat{Y} - \bar{Y})$$

─ 위에서 제곱되지 않은 교적항을 모두 더하면 0이 되므로

$$\sum(Y_i - \bar{Y})^2 = \sum(Y_i - \hat{Y})^2 + \sum(\hat{Y} - \bar{Y})^2 \text{이 된다.}$$

─ 전체오차의 자승화는 예언불가능한 오차의 자승화와 예언가능한 오차의 자승화의 합으로 나타낼 수 있다.

─ Pearson의 적률상관계수 r은 다음과 같이 정의된다.

$$r^2 = \frac{\sum(\hat{Y} - \bar{Y})^2}{\sum(Y_i - \bar{Y})^2}, \quad r = \sqrt{\frac{\sum(\hat{Y} - \bar{Y})^2}{\sum(Y_i - \bar{Y})^2}}$$

─ 이 공식의 의미를 이해하도록 노력해 보자.

- 앞의 수식에서 양변을 N(정확히는 $N-2$, 자유도)으로 나누어도 등식은 성립된다.

$$\frac{\sum(Y_i - \overline{Y})^2}{N-2} = \frac{\sum(Y_i - \hat{Y})^2}{N-2} + \frac{\sum(\hat{Y} - \overline{Y})^2}{N-2}$$
$$\text{Ⓐ} \qquad\qquad \text{Ⓑ} \qquad\qquad \text{Ⓒ}$$

- Ⓐ항은 Y의 전체 변량이다. $\left[s_x^2 = \frac{\sum(X_i - \overline{X})^2}{N-1} \right]$에서 X대신 Y로 표시된 것이다. 따라서 $s_y^2 = \frac{\sum(Y_i - \overline{Y})^2}{N-2}$이다.

- Ⓑ항은 회귀선에서 보았던 예언하고 나서도 남는 오차 변량이다. 즉, $s_{y \cdot x}^2 = \frac{\sum(Y_i - \hat{Y})^2}{N-2}$이다.

- Ⓒ항은 예언함으로써 줄어들 수 있는 변량이다.
- 즉, 전체 변량＝예언불가능 변량＋예언가능 변량이다.

- Pearson의 $r^2 = \frac{\sum(\hat{Y} - \overline{Y})^2}{\sum(Y_i - \overline{Y})^2}$에서 분자와 분모를 각각 자유로($N-2$)로 나누어 주어도 등식은 성립한다.

$$r^2 = \frac{\sum(\hat{Y} - \overline{Y})^2 / N-2}{\sum(Y_i - \overline{Y})^2 / N-2} = \frac{\text{예언가능변량}}{\text{전체변량}}$$

- 따라서 r^2은 전체 변량에 대한 예언가능한 변량의 비이다.

- 여기에 $\sqrt{}$ 씌운 것이 상관계수 r이다.

- r에서 r^2이 나온 것이 아니라 r^2에서 r이 나온 것이다.

- 변량에서 표준편차를 만들어 낸 것과 같은 이치다.

- 그러니 r^2의 의미를 이해하는 것이 중요하다.

$-r^2$의 크기는 $s_{y \cdot x}{}^2$과 $s_y{}^2$의 상대적인 값의 함수이다. 그 과정을 살펴보자.

$$-r^2 = \frac{\sum (\hat{Y} - \bar{Y})^2}{\sum (Y_i - \bar{Y})^2} = \frac{\sum (\hat{Y} - \bar{Y})^2 / N-2}{\sum (Y_i - \bar{Y})^2 / N-2} = \frac{예언가능변량}{전체변량(s_y^2)}$$

$$= \frac{전체변량 - 예언불가능변량}{전체변량} = 1 - \frac{예언불가능변량}{전체변량} = 1 - \frac{s_{y \cdot x}{}^2}{s_y{}^2}$$

의 관계가 된다.

－전체적으로 정리해 보자.

$$r^2 = \frac{\sum (\hat{Y} - \bar{Y})^2}{\sum (Y - \bar{Y})^2} = \frac{\dfrac{\sum (\hat{Y} - \bar{Y})^2}{N-2}}{\dfrac{\sum (Y - \bar{Y})^2}{N-2}} = \frac{\dfrac{\sum (Y - \bar{Y})^2}{N-2} - \dfrac{\sum (Y - \hat{Y})^2}{N-2}}{\dfrac{\sum (Y - \bar{Y})^2}{N-2}}$$

$$\underbrace{\frac{관계와 연합된 제곱된 편차}{전체제곱된 편차}} \qquad \underbrace{\frac{예언가능한 변량}{전체변량}} \qquad \underbrace{\frac{전체변량 - 예언불가능한 변량}{전체변량}}$$

$$= 1 - \frac{\dfrac{\sum (Y - \hat{Y})^2}{N-2}}{\dfrac{\sum (Y - \bar{Y})^2}{N-2}} = 1 - \frac{s_{y \cdot x}{}^2}{s_y{}^2}$$

$$\underbrace{1 - \frac{예언불가능한 변량}{전체변량}}$$

－이 공식들의 의미를 이해하기 위해 다시 한번 다음 그림을 보자.

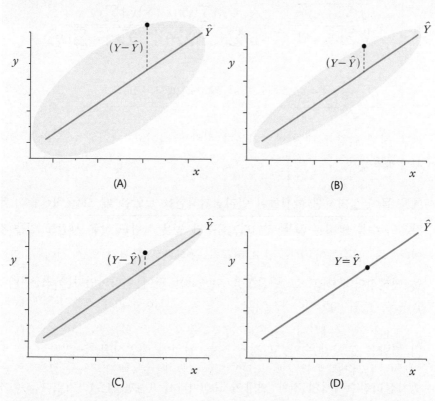

[그림 6.12] 산포도의 모양에 따른 예언가능한 편차와 예언불가능한 편차의 비

− 그림에서 A에서 D로 갈수록 날씬해지면서 관계성이 강하다. 즉, 예언불가능 변량($s_{y \cdot x}^2$)은 작아지고 D에서는 예언불가능 변량이 없어져서 완전한 관계 상관계수＝1이 된다.

− 상관계수를 학생들이 직접 계산할 경우는 거의 없겠지만, 정의공식에 따라 수작업으로 상관계수를 계산하기는 매우 불편하다. $\bar{Y}$도 소수점이 될 것이고, 특히 $\hat{Y}$는 X값에 따라 모두 다르기 때문이다. 다소 길어 보이지만 계산공식으로 계산하는 것이 훨씬 편하다.

$$r = \sqrt{\frac{\sum(\hat{Y} - \bar{Y})^2}{\sum(Y_i - \bar{Y})^2}} = \frac{N(\sum XY) - (\sum X)(\sum Y)}{\sqrt{\left[N\sum X^2 - (\sum X)^2\right]\left[N\sum Y^2 - (\sum Y)^2\right]}}$$

정의공식   계산공식

- r^2은 전체 변량에 대한 예언가능한 변량의 비이고, 거기에 $\sqrt{}$ 씌운 것이 상관계수이다.

- 예를 들어 설명하면 학생들이 인지심리시험을 보았을 때 모든 학생들이 똑같은 점수를 받지는 않을 것이다. 점수가 높은 사람도 낮은 사람도 있을 것이다. 즉, 점수들이 어느 정도 평균을 중심으로 흩어져 있을 것이다. 그것을 변산성이라 하고 그 변산성을 수량화한 것이 변량이었다[$\sum(Y_i - \bar{Y})^2/N - 1$].

- 이 변량은 분할될 수 있고 각기 다른 원인에 귀인시킬 수 있다.

- 인지심리점수에서의 전체 변량이 100(따라서 표준편차는 10)이었다고 가정해 보자.

- 왜 학생들은 같은 인지심리교재로 같은 강의실에서 같은 교수님과 공부했는데 그 점수들이 다를까?

- 아마도 그 이유는 지능이 다를 수 있고, 열심히 공부한 정도(노력)가 다를 수 있고, 시험 날의 컨디션도 다를 수 있고, 여러 인지능력에서도 차이가 날 수 있는 등 여러 가지일 수 있을 것이다.

- 인지심리점수의 전체 변량 100은 위와 같은 이유들 때문에 생겼을 수 있다.

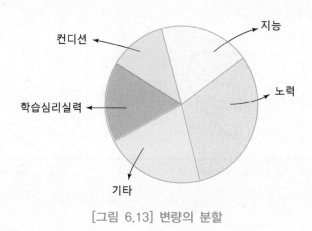

[그림 6.13] 변량의 분할

- 그런데 학습심리과 인지심리 간의 상관이 .4($r = .4$)라면 $r^2 = .16$이 되는데 이것의 의미는 인지심리점수의 전체 변량(100) 중에서 16%는 학습심리실력 차이 때문에 생긴 것이라는 의미이다.

- 즉, $r^2 = .16$은 전체 변량 중에서 학습–인지심리의 관계성에 근거하여 설명할 수 있는 변량이 16%라는 의미이고, .16에 $\sqrt{}$를 씌운 .4가 상관계수인 것이다.

- 따라서 상관계수를 해석할 때는 $r \rightarrow r^2$으로 하여 전체 변량 중 어떤 관계성에 근거해서 설명할 수 있는 변량의 비율이라고 생각하면 된다.

- 또 상관계수의 공식과 관련하여 두 가지를 언급하고자 한다.

- 첫째는 오차 변량($s_{y \cdot x}{}^2$)이 동일하다면 전체 변량($s_y{}^2$)이 클 때 상관이 크다.

- 우선 다음의 두 그림을 생각해 보자.

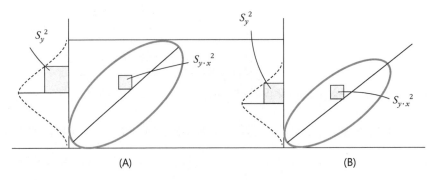

[그림 6.14] $s_y{}^2$과 $s_{y \cdot x}{}^2$에 따른 상관

−A와 B에서 산포도의 뚱뚱한 정도가 동일하다면($s_{y \cdot x}{}^2$이 동일) A가 B보다 더 넓게 흩어져 있으므로 Y의 전체 변량($s_y{}^2$)이 더 크기 때문에

$$r^2 = \frac{예언가능변량}{전체변량} = \frac{전체변량 - 오차변량}{전체변량} = 1 - \frac{s_{y \cdot x}{}^2}{s_y{}^2}$$

에서 A의 상관이 더 큼을 알 수 있다.

−즉, 산포도의 뚱뚱한 정도가 같다면 산포도가 비스듬히 누워 있는 것보다 가파르게 서 있는 것이 상관이 크다.

−두 번째는 산포도가 직선을 이루는 관계에서 기울기가 없으면 상관은 정의되지 않는다.

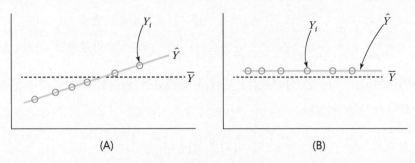

[그림 6.15] 완벽한 상관과 정의되지 않는 경우

－상관계수의 공식 $r = \sqrt{\dfrac{\sum (\hat{Y} - \bar{Y})^2}{\sum (Y_i - \bar{Y})^2}}$ 에서 살펴보자.

－A의 경우는 $Y_i = \hat{Y}$ 이지만 $\hat{Y} \ne \bar{Y}$ 이다.

  B의 경우는 $Y_i = \hat{Y} = \bar{Y}$ 로 모두가 같은 값을 취한다.

－따라서 A의 경우는 공식에서 분자와 분모의 값에 0이 아니면서 같기 때문에 $r = 1$ 이 된다.

－그러나 B의 경우는 분자도 분모도 0이 되기 때문에 ($\dfrac{0}{0} =$ 부정) 상관계수가 정의될 수 없다.

－상관계수의 특징을 간략히 살펴보도록 하자.

－상관계수는 두 변인 사이에 관계가 존재한다는 것을 뜻한다. 그러나 A와 B 두 변인 사이의 인과관계는 말하기 어렵다.

－예를 들어 흡연－폐암 사이에 상관이 있다고 하자(이는 논리적 훈련을 위한 예일 뿐이며, 사실 관계는 아닐 수 있다).

  • 흡연　 → 폐암 (흡연이 폐암의 원인이다)
  • X　　 → 흡연

→ 폐암 (어떤 X라는 유전적 소인이 존재하며, 폐암도 유발하
고 담배 맛이 있도록(당기도록) 했을 수 있다)

• 폐암　→ 흡연 (폐암이 흡연을 유발하였다: 좀 이상하긴 하지만)

− 따라서 상관계수는 둘 사이의 관계가 존재함을 의미할 뿐이고 인과관계를
언급하기는 어렵다.

− 상관계수는 $-1 \leq r \leq +1$의 범위를 취한다.

− 극단적인 집단들이 표집되면 상관이 커지는 경향이 있다.

− 예를 들어, 초등학교 2학년 학생과 50세 이상의 성인들을 대상으로 죽음
에 대한 공포를 측정하고 지능과의 상관을 내어 보면 다음과 같을 수 있다.

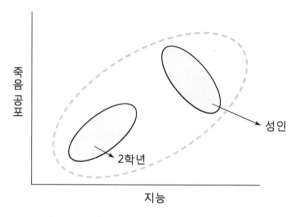

[그림 6.16] 지능과 죽음에 대한 공포

− 이 두 집단을 결합하면 지능이 높을수록 죽음에 대한 공포가 높다는 잘못
된 해석을 할 수 있다.

− 저학년 아동들은 죽음에 대한 개념이 별로 없으나 똑똑한 아이일수록 죽
음 공포가 높을 수 있겠으며, 성인들은 지능이 높을수록 오히려 죽음 공
포가 낮을 수 있다. [McCall, 8판, p. 181]

−또 초등학생과 대학생 집단이 모두 읽기 능력과 사고 능력에 상관이 없더
라도 두 집단이 결합되면 관계가 있는 듯이 보일 수 있다.

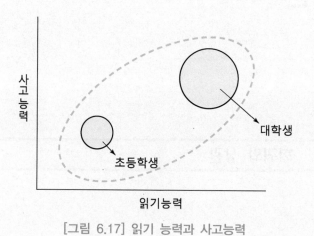

[그림 6.17] 읽기 능력과 사고능력

연습문제

> ✎ **6장. 회귀와 상관**

문제

① 두 변인 사이의 관계성이 강할수록 산포도의 그림은 어떻게 되는가?

② 산포도의 가운데를 관통하는 회귀선 $\hat{Y}$는 최소자승기준에 따라 결정되는데 최소자승기준이란 무엇인가?

③ 다음 요소들은 무엇을 의미하는지 산포도의 그림에서 설명해 보라.

　a. $(Y_i - \hat{Y})$

　b. $(Y_i - \hat{Y})^2$

　c. $\sum (Y_i - \hat{Y})^2$

　d. $\sum (Y_i - \hat{Y})^2 / N$

　e. $\sum (Y_i - \hat{Y})^2 / N - 2$

④ x에 근거해서 y를 예언할 때의 추정치의 표준오차 $s_{y \cdot x}$는
$\sqrt{\sum (Y_i - \hat{Y})^2 / N - 2}$ 로 표시되는데, $N - 2$로 나누는 이유는?

⑤ 수학(X)과 과학(Y) 간의 관계성은 $\hat{Y} = 0.8X + 15$라 하고 $s_{y \cdot x}^2 = 25$라 하자.

5-1) 수학 50점 맞은 학생은 과학 몇 점으로 예언되는가?

5-2) 수학 50점 맞은 학생의 과학 점수가 50~55점 사이일 확률은?

5-3) 수학 50점 맞은 학생의 과학 점수의 95% 신뢰구간은?

5-4) 그 학생의 과학 점수의 68% 신뢰구간은?

5-5) 그 학생의 과학 점수의 80% 신뢰구간은?

⑥ 두 변인 간의 관계성의 정도를 나타내는 $Pearson$의 적률상관계수의 정의공식과 그 의미를 설명하시오.

⑦ 두 산포도에서 $s_{y \cdot x}$가 동일하다면 전체 변량이 큰 경우(A)와 작은 경우(B)에서 어느 경우에 상관계수가 큰가? 그 이유를 설명해 보라.

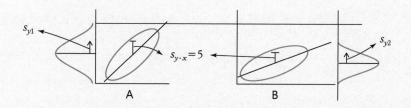

⑧ 수학(X)과 과학(Y) 간의 상관이 .5라는 ($r = .5$)라는 의미를 변량적으로 해석해 보라.

표집과
표집분포

가설검증에서 확률의 계산은 표집분포에서 이루어진다. 연구에서는 실제로 단 한 번만 처치를 하여 두 집단 사이의 평균치의 차이를 얻어 낸다. 처치효과가 없다면 순전히 우연(표집오차)에 의해 그런 차이가 날 확률은 얼마인가? 하는 물음에 답할 때에는 그런 처치를 무수히 해서 평균치의 차이를 계산해 본다면 그 차이들은 어떤 분포를 이룰까 하는 평균치의 차이의 표집분포($\overline{X_1} - \overline{X_2}$의 표집분포)에서 확률이 계산된다. 따라서 실제로는 해볼 수 없는 이론적인 표집분포의 개념을 이해하고 그 표집분포에서 확률을 계산할 수 있어야 가설검증이 가능하다.

- 가설검증으로 들어가기 전에 표집분포에 대해 생각해 보자.

- 가설검증에서는 확률을 결정해야 되는데 그 확률이 계산이 표집분포에서 이루어진다.

- 표집(sampling)이라는 말의 의미는 모집단(전집: population)에서 표본(sample)을 추출해 내는 것인데, 즉 동사적 의미를 지닌다.

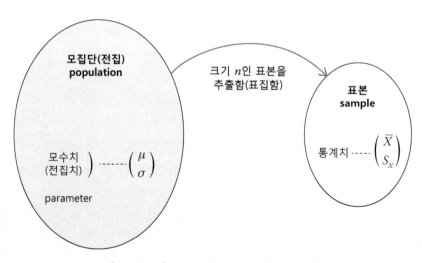

[그림 7.1] 전집, 표본 및 표집의 관계

- 표집분포는 여러 가지가 있을 수 있으나 우리는 우선 평균치($\bar{X}$)들의 표집분포만을 검토할 것이다.

- 평균치들의 표집분포(sampling distribution of the mean): 모집단에서 크기 n인 표본을 추출하고 그 평균치($\bar{X_1}$)를 계산하는 과정을 무한히 반복한다면 $\bar{X_1}$, $\bar{X_2}$, $\bar{X_3}$, $\bar{X_4}$, ⋯, $\bar{X_\infty}$의 평균치들을 얻을 수 있는데, 이 평균치들의 분포를 크기 n인 $\bar{X}$들의 표집분포라고 한다.

- 무한히 반복해야 하는 것이므로 우리가 실제로 할 수는 없고, 이론적으로 생각만 해볼 수 있는 분포이다.

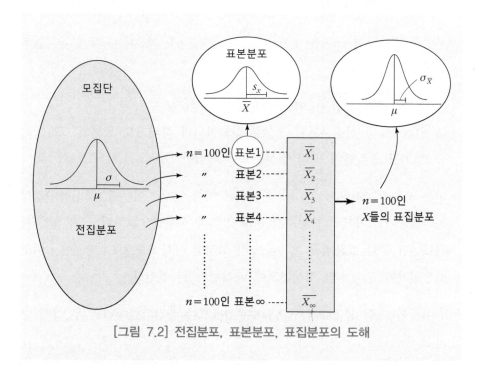

[그림 7.2] 전집분포, 표본분포, 표집분포의 도해

- • 전집분포(population distribution): 모집단의 분포　　　⋯⋯ μ, σ
  • 표본분포(sample distribution): 크기 n인 한 표본의 분포　⋯⋯ $\bar{X}$, s_x
  • 표집분포(sampling distribution): 크기 n인 무한대의 표본 평균치들이 이루는 분포　　　⋯⋯ μ, $\sigma_{\bar{x}}$

- 전집분포는 전집의 모든 요소들로 이루어지는 분포이다.

- 우리가 보통 분포라고 하는 것은 표본분포를 말한다.

- 표집분포는 이론적으로 생각만 해볼 수 있는 분포인데(구성요소가 n개로 이루어진 하나의 평균치), 그 평균은 평균치들의 평균이므로 $\overline{\overline{X}}$ 또는 $\overline{X_{\bar{x}}}$로 쓸 수도 있으나 그것은 결국 μ가 된다(이론적인 것이므로).

- 그 표집분포에서의 표준편차는 $\sigma_{\bar{x}}$($\overline{X}$들로 이루어진 분포에서의 표준편차임으로)로 표시한다. 한 점수가 아니라 n개가 이루는 하나의 평균치가 한 구성요소가 되기 때문이다.

- 무선표집을 하면 (n명을 무선적으로 뽑아 평균치를 계산하는 것) 평균치들의 표집분포는

① 원점수들의 전집분포가 정상분포이면 정상분포가 된다.
② 원점수들의 전집분포가 정상분포가 아니라 하더라도 표본의 크기(n의 크기)가 증가함에 따라 정상분포에 근접한다.

- 이는 중심극한정리(central limit theorem)에서 알 수 이는데, 중심극한정리는 "평균이 μ이고 표준편차가 σ인 임의의 모집단으로부터 크기 n인 확률표본에 의한 표본평균 $\overline{X}$들은 n이 커지면 근사적으로 그 평균이 μ이고 표준편차가 $\sigma/\sqrt{n}$인 정상분포에 근접한다"는 것이다.

- 용어들이 다소 생소하게 느껴질 수 있겠으나 중심극한정리의 두 가지 중요한 점은

① n이 커지면 $\overline{X}$들의 표집분포는 정상분포가 된다는 것과
② n이 커지면 $\overline{X}$들의 표집분포는 점점 더 날씬해진다는 것이다.

- n이 커지면 원점수의 분포가 정상분포이든 아니든 간에 표집분포는 정상분포에 근접하므로 표집분포는 항상 정상분포가 된다고 생각하면 된다.

─이런 현상을 감각적으로 느껴 보기 위해 다음의 예를 생각해 보자.

─주머니 속에 ① ② ③ ④ ⑤ ⑥자가 써 있는 6개의 탁구공이 들어 있다.

─이것이 모집단이 되고 그 분포는 정상분포가 아닌 플랫폼 분포이다.

─여기서 • 1개씩 무수히 끌어내어 $n = 1$

　　　　• 2개씩 무수히 끌어내어 $n = 2$

　　　　• 3개씩 무수히 끌어내어 $n = 3$

　　　　• 4개씩 무수히 끌어내어 $n = 4$

　인 표집분포를 생각해 보자.

─$n = 1$일 때에는 어느 공이 끌려 나올 확률은 모두 $\dfrac{1}{6}$이므로 모집단분포와 마찬가지 형태일 것이다.

─그러나 $n = 2$인 표집분포를 생각해 보자.

　6개 중에서 2개를 꺼내는 경우의 수는 $_6C_2 = 15$가지가 있다.

　가장 작은 값은 1과 2가 나왔을 때 평균 1.5에서 5와 6이 나왔을 때의 평균 5.5까지 분포할 것이며, 그림으로 그려 보면 다음과 같다.

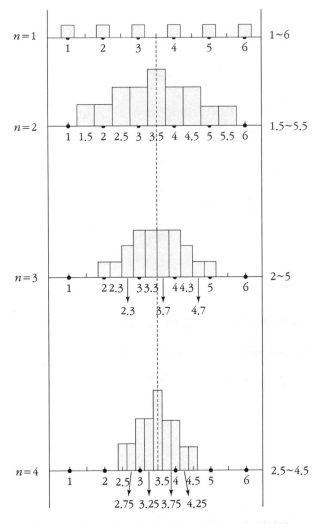

[그림 7.3] n의 크기에 따른 표집분포의 정상성

– $n=3$, $n=4$로 n이 커질수록 분포는 날씬해지면서 정상분포의 모양에 가까워짐을 볼 수 있다.

– 이와 같이 n이 커지면 그 n개의 평균치가 $\overline{X}$가 이론적인 평균치에서 많이 벗어나지 못해서 분포는 날씬해지는 경향이 있고, 또 정상분포의 모양에 가까워진다.

- 중심극한정리(n이 커지면 정상분포가 되고 $\sigma/\sqrt{n}$로 날씬해진다)를 이론적으로 생각하지는 않더라도 탁구공 6개의 예를 통해 감각적으로 그 개념을 이해해 볼 수 있을 것이다.

- 표집분포의 뚱뚱하고 날씬한 정도는 표준편차($\sigma_{\bar{x}}$)로 나타내는데 표집분포에서 표준편차는 $\sigma_{\bar{x}} = \dfrac{\sigma_x}{\sqrt{n}}$이 된다.

- 이를 평균치의 표준오차(standard error of the mean)라 한다.

- (참고) 우리는 지금 세 가지 표준편차를 공부하였다.

$$
\begin{array}{lll}
① & s_x = \sqrt{\dfrac{\sum(X_i - \bar{X})^2}{N-1}} & \cdots\cdots \text{ 표준편차} \\[4mm]
② & s_{y \cdot x} = \sqrt{\dfrac{\sum(Y_i - \hat{Y})^2}{N-2}} & \cdots\cdots \text{ 예언의 표준오차} \\[4mm]
③ & \sigma_{\bar{x}} = \dfrac{\sigma_x}{\sqrt{n}} = \dfrac{s_x}{\sqrt{n}} = s_{\bar{x}} & \cdots\cdots \text{ 평균치의 표준오차}
\end{array}
$$

- σ_x는 모집단의 표준편차인데 모수치를 알 수 있는 경우가 거의 없으므로 표본에서 계산된 표준편차(s_x)를 가지고 σ_x를 추정하는 것이 보통이다. 그러니 우선 $\sigma_x = s_x$ 또는 $\sigma_{\bar{x}} = s_{\bar{x}}$로 알고 있기 바란다.

- 모집단이나 이론적인 본포에서의 표준편차는 원칙적으로 σ_x로 표기한다.

- 여러 가지 형태의 표집분포가 존재하며, 표집분포가 가설검증에서 활용되는 것을 예를 들어 설명해 보자.

- 제일 앞의 개관에서 들었던 예를 생각해 보자.

- 100명을 무선적으로 선발하고 또 무선적으로 두 집단으로 나누어 Ⅰ집단에는 카페인을 Ⅱ집단에는 식염수를 투여하고 무의미철자 학습 후 기억검사에서 Ⅰ집단이 12.5개, Ⅱ집단이 10.2개로 $12.5 - 10.2 = +2.3$의 차이가

있었다.

─우리의 연구에서는 딱 한 번만 100명을 대상으로 +2.3이란 차이를 얻었다.

─카페인이 효과가 없다면 이런 차이가 나는 것은 표집오차(우연) 때문이다.

─그 확률은 $(\overline{X_1}-\overline{X_2})$의 표집분포에서 계산하게 되는 것이다.

─우리가 한 번 비교해서 ① $\overline{X_1}-\overline{X_2}=$ +2.3 을 얻었다.

또다시 두 번째 해보면② $\overline{X_1}-\overline{X_2}=$?

또다시 세 번째 해보면③ $\overline{X_1}-\overline{X_2}=$? ⇒ 이것이 두 평균치의 차이 $(\overline{X_1}-\overline{X_2})$의 표집분포이다.

또다시 네 번째 해보면④ $\overline{X_1}-\overline{X_2}=$?

⋮　　⋮　　⋮　　약효가 없다면 이 값들은 +

무수히 비교해 보면 ∞ $\overline{X_1}-\overline{X_2}=$? 일 때도 −일 때도 큰 차이

일 수도 작은 차이일 수도

있으나 이론적으로 0을 중

심으로 분포할 것이다.

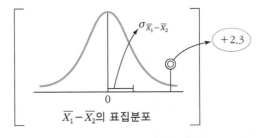

[그림 7.4] 두 평균치의 차이[$\overline{X_1}-\overline{X_2}$]의 표집분포

─이런 분포에서 +2.3이란 차이가 날 확률을 계산하는 것이다.

─그래서 그럴 확률이 100 중에 5번도 안 된다면 우연히 표집오차에 의해
그런 차이가 날 확률은 적다 ─ 우연이 아니다 ─ 약효 있다고 결론 짓는

것이다.

– 뒤에서 가설검증 때 설명하겠지만 여기서 먼저 설명하는 이유는 우리가 딱 한 번 관찰한 결과를 이론적 표집분포에 비추어 확률을 계산하는 것이기 때문에 표집분포의 중요성을 강조하기 위해서이다.

– 표집분포를 이용하여 확률을 계산하는 방법을 생각해 보자.

– 평균이 100이고 표준편차가 15인 정상분포를 이루는 모집단에서 1명을 뽑았을 때 그 사람의 점수가 85 이상일 확률은? [$n = 1$일 때의 표집분포는 모집단분포와 동일]

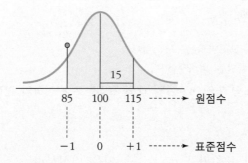

• 먼저 원점수를 표준점수로 바꾸고
• 부록의 z분포를 이용한다.
• $z = +1$일 때 몸통 면적은 .3413이다.
• 좌우대칭이므로 $z = -1$도 마찬가지이다.
• 따라서 85($z = -1$) 이상의 면적은 .3413 + .5 = .8413, 즉 약 84%가 된다.

[그림 7.5] $n = 1$일 때의 표집분포 곡선하의 면적

– 이번에는 $N(100, 15)$인 위의 분포에서 $n = 4$명을 뽑았을 때 그 4명의 평균이 105 이상일 확률을 계산해 보자. [$n = 4$인 표집분포, $\sigma_{\bar{x}} = \dfrac{\sigma_x}{\sqrt{n}}$]

– 우선 $n = 4$명을 무수히 뽑아 평균치를 계산해 본다면 그 표집분포는 어떻게 될지를 생각하라.

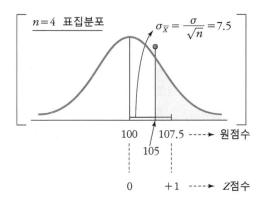

- 모집단의 평균이 100이므로 이 표집분포의 평균도 100이 될 것이다.
- 모집단의 $\sigma = 15$이므로 $\sigma_{\bar{x}} = 15/\sqrt{4} = 7.5$가 될 것이다.
- Z점수로 환산하여 z분포를 이용한다.
- $z = \dfrac{105 - 100}{7.5} ≒ 0.67$
- $z = 0.67$에서 꼬리면적은 .2514이다.
- 105 이상일 확률은 약 25%이다.

[그림 7.6] $n = 4$일 때의 표집분포 곡선하의 면적

─표집분포에서의 표준편차 $\sigma_{\bar{x}} = \dfrac{\sigma_x}{\sqrt{n}}$임을 명심하라.

앞의 예에서 $n = 1$일 경우는 $\sigma_{\bar{x}} = \dfrac{\sigma_x}{\sqrt{1}} = \sigma_x$이므로 표집분포가 모집단분포와 동일하다.

─이어서 $N(100, 15)$인 앞의 분포에서 $n = 25$명을 뽑아 평균을 냈을 때, 그 평균이 97~106 사이가 될 확률을 계산해 보자. [$n = 25$인 표집분포]

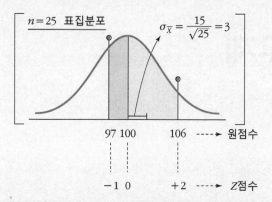

- 97~106을 표준점수로 바꾸어 −1~+2까지의 면적을 구한다.
- .3413 + .4772 = .8185
- 약 82%의 확률이다.

[그림 7.7] $n = 25$일 때의 표집분포 곡선하의 면적

연습문제

문제

① a. 표본분포(sample distribution)

　b. 전집분포(population distribution)

　c. 표집분포(sampling distribution)을 구분하고 표집분포의 의미를 설명
　　해 보라.

② 표집분포가 정상분포를 이루는 조건 두 가지는?

③ 중심극한정리(cental limit theorem)이란?

④ $\mu = 50$, $\sigma = 10$인 정상분포의 모집단에서

　4-1) 56 이상인 사람이 뽑혀 나올 확률?

　4-2) 48~56 사이의 사람이 뽑혀 나올 확률?

⑤ 평균이 100이고 표준편차가 15인 정상분포를 이루는 모집단에서

　5-1) $n = 1$명을 뽑았을 때 그 값이 85 이상일 확률?

　5-2) $n = 4$명을 뽑았을 때 그 평균치가 105 이상일 확률?

　5-3) $n = 25$명을 뽑았을 때 그 평균치가 98~105 사이일 확률?

가설검증의
용어와 논리

가설검증과 관련된 여러 가지 용어와 개념들을 익숙하게 숙지한다. 그리고 전반적인 가설검증의 논리와 확률계산 방식을 익힌다. 이러한 가설검증의 논리에 수반되는 두 가지 종류의 결정 오류의 의미를 이해해야 한다. 방향적 검증과 비방향적 검증은 어떤 때 사용하는지도 이해한다. 그리고 영가설을 기각하는 것과 기각하지 못하는 것의 차이도 이해해야 결과를 올바로 해석할 능력이 생길 것이다.

- 앞에서 공부한 표준편차와 그것을 활용한 표준점수, 표준 정상(z)분포, 표집분포의 개념을 알면 이제 가설 검증을 할 수 있는 준비는 되었다.

- 개관에서 간략히 가설검증을 소개하였지만, 지금부터 체계적으로 공부해 보자.

8.1. 가설검증의 비공식적인 예(z검증)

- 청소년들(모집단)을 대상으로 무의미철자 20개를 암기시킨 후 1시간 뒤 암기했던 무의미철자를 회상하도록 하면 평균 10개를 회상하고 표준편차는 2라고 가정해 보자. 즉, $\mu = 10$, $\sigma = 2$이다.

- 연구자들은 카페인이 기억 수행에 변화를 일으킨다는 직감은 있었지만, 기억을 향상시킬지 손상시킬지 알지 못하는 상황이었다. 따라서 연구자들은 1명($n = 1$)과 소집단($n = 25$)을 대상으로 카페인을 투여하는 방식으로 그 결과를 관찰하기로 결정하였다.

- 연구물음은 '카페인이 기억에 영향을 미치는가?'이다.

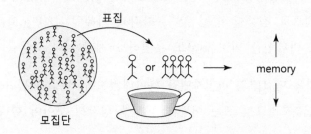

[그림 8.1] 모집단에서 표집을 통한 카페인 효과 연구 그림

1) 단일 사례

- 모집단(청소년들)에서 1명($n=1$)을 무선적으로 선발하여 카페인 투여 후 무의미철자를 암기시킨 뒤 1시간 후에 회상검사를 실시한 결과 15개를 회상했다고 가정해 보자.

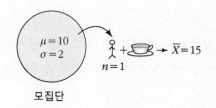

청소년들은 평균 10개를 기억하는데 카페인 처치를 받은 한 사람은 15개를 기억하였다. 즉, +5의 효과가 있었다.

[그림 8.2] 모집단에서 $n=1$명을 추출하여 카페인 처치를 한 그림

- 이 +5의 효과는 왜 나타났을까? 여기엔 두 가지 가능성이 존재한다.

- 첫 번째는 모집단에서 무선적으로 뽑혀 나온 사람이 원래부터 기억력이 좋은 사람이었을 가능성이다. 즉, 카페인의 효과 때문에 +5의 효과가 나온 것이 아니라 원래부터 기억력이 좋은 사람이 우연히 뽑혔을 수 있다 (카페인은 효과가 없는데 표집오차 때문일 수 있다).

- 두 번째는 카페인이 기억에 영향을 미쳐서 +5가 나왔을 가능성이 있다 (즉, 처치 효과 때문일 수 있다).

- 이 두 가지 가능성을 동시에 검토할 수 없으며, 효과가 있다는 사실을 확증의 방법으로 검증할 수는 없다. 따라서 카페인(처치)이 효과가 없다고 가정하고, 카페인을 먹지 않고도 우연히 15개가 나올 확률을 알아보자.

- 우리는 비록 단 1명의 피험자만을 뽑아내었지만, 무수히 뽑아내 본다면(n =1인 표집분포) 그 분포는 어떻게 될지를 생각해 보아야 한다.

- 모집단의 평균(뮤)이 10이고 표준편차(시그마)가 2이기 때문에 1명씩 뽑아 점수를 기록해 본다면 모집단의 분포와 같을 것이다.

- 이런 분포에서 15라는 값을 얻을 확률을 계산해 보자. [z분포, z값을 활용]

- 관찰치 15를 z값으로 바꾸면…

- $z_{관} = \dfrac{\overline{X} - \mu}{\sigma_{\overline{x}}} = \dfrac{15 - 10}{2} = 2.5$이다.

- 여기서 $\sigma_{\overline{x}} = \dfrac{\sigma_x}{\sqrt{n}}$인데 지금의 경우 $n = 1$이기 때문에 2이다.

- 또 표집분포는 이론적인 것이고 정상분포를 가정할 수 있으므로 부록의 z 표에서 $z = 2.5$일 때의 꼬리면적을 찾아보면 0.0062이다. 즉, 0.6% 정도 이다.

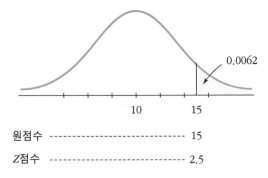

원점수 ---------------------------------- 15

Z점수 ---------------------------------- 2.5

[그림 8.3] $n = 1$일 때의 표집분포와 확률의 계산

–즉 모집단에서 1명을 뽑아 15점 이상의 값을 얻을 확률은 0.6% 정도밖에 안 되는 적은 확률이다. 모집단에서 우연히 15점 이상의 값을 얻을 확률은 너무 적기 때문에 기억에 카페인이 영향을 미친 것으로 잠정적으로 결론을 내릴 수 있다.

2) 단일 집단

–1명의 피험자를 통해 얻은 결과를 통해 연구자들은 카페인이 인간의 기억에 영향을 미친다는 어느 정도의 확신을 갖게 되었다. 그래서 보다 확실한 답을 얻기 위해 이번에는 25명($n=25$)을 무선적으로 선발하여 카페인을 처치한 뒤 무의미 철자에 대한 기억검사를 실시하였다(앞의 예시와의 차이는 $n=1$이 아닌 $n=25$라는 점이다).

–그 결과 25명이 평균 10.8개를 기억했다고 가정해 보자. 25명의 평균이 모집단 평균 10보다 +0.8 더 컸다.

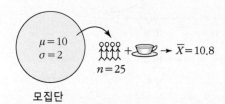

청소년들은 평균 10개를 기억하는데 카페인 처치를 받은 25명의 사람들은 평균 10.8개를 기억하였다. 즉, +0.8개의 효과가 있었다.

[그림 8.4] 모집단에서 $n=25$명을 추출하여 카페인 처치를 한 그림

–이 +0.8의 효과는 왜 나타났을까? 여기엔 앞서 1명의 결과와 마찬가지로 두 가지 가능성이 존재한다.

–첫 번째는 모집단에서 표집하는 과정에서 기억력이 원래 좋은 사람들이 많이 뽑혀 나왔을 가능성이다(표집오차).
두 번째는 카페인이 실제로 기억에 영향을 주었을 가능성이다(처치 효과).

–우선은 카페인(처치) 효과 없다는 가정하에 관찰된 $\bar{X}=10.8$은 표집오차에

의해 우연히 얻어진 값이다.

- 표집오차에 의해 10.8이나 되는 큰 값을 얻을 확률은 $n = 25$인 $\overline{X}$들의 표집분포에서 계산해야 된다.

- $n = 25$로 이루어진 표집분포는 모집단의 평균 10을 중심으로 분포할 것이며 그 표준편차 $\sigma_{\overline{x}} = \dfrac{\sigma_x}{\sqrt{n}} = \dfrac{2}{\sqrt{25}} = \dfrac{2}{5} = 0.4$가 될 것이다.

- 관찰된 평균치 10.8을 z점수로 바꾸면 $z_{관} = \dfrac{10.8 - 10}{0.4} = +2$이다.

- z표에서 $z = 2.00$일 때 꼬리면적은 .0228이다.

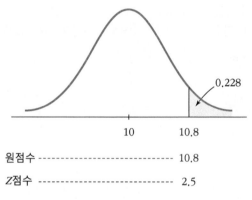

[그림 8.5] $n = 25$일 때의 표집분포와 확률의 계산

- z표에서 $z = 2.00$일 때의 꼬리면적을 찾아보면 0.0228이다. 즉, 2.28% 정도이다.

- 즉, 모집단에서 25명을 뽑아 10.8점 이상의 값을 얻을 확률은 2.28% 정도밖에 안 되는 적은 확률이다. 모집단에서 우연히 10.8점 이상의 값을 얻을 확률은 너무 적기 때문에 기억에 카페인이 영향을 미친 것으로 잠정적으로 결론을 내릴 수 있다.

8.2. 통계적 가정과 가설

- 위와 같은 통계적 추론을 위해선 몇 가지 가정을 해야 한다.

- 첫 번째 가정은 표본은 모집단에서 무선적, 독립적으로 선정된 것이다. 두 번째 가정은 평균치의 표집 분포는 정상분포의 형태여야 한다.

- 통계적 절차에 따라 표준정상분포의 백분위를 사용하기 위해서는 위의 두 가정이 참이어야만 한다.

- 이제 가설에 대해 알아보자.

- 가설(hypothesis)이란 연구문제에서 제기된 각 개념 간의 관계가 실세상에서 어떻게 적용되는지에 대한 연구자의 생각을 나타낸 진술로 일반적으로 통계적 과정을 통해 그 진위나 타당성을 결정하게 된다.

- 가설은 경험적으로 검증 가능(empirically testable)해야 한다.
  가설을 구성하는 개념은 측정 가능해야 하며 개념들 간의 관계는 통계적으로 분석할 수 있어야 한다.

- 통계적 검증에서 가설은 효과가 있거나 또는 효과가 없거나 두 개의 가설을 설정한다(대립가설; H_1과 영가설; H_0).
  두 가설은 상호 배타적(mutually exclusive)이다. 즉, 둘 다 참일 수 없다.
  두 가설은 소진적(exhaustive)이다. 즉, 효과에 대한 모든 가능한 상황이 포함된다.

- 대립가설(alternative hypothesis; H_1)은 데이터가 서로 다른 모집단에서 끌어낸 것이라는 진술로서 실제로 연구자가 관심이 있는 진술이다(즉, 카페인은 효과가 있다).

- 하지만 앞서 설명했듯이 대립가설이 옳다는 사실을 직접적으로 증명할 수 있는 방법은 없다. 할 수 있는 최선의 방법은 표집을 한 모집단의 우연한 변산성에 의해 일어날 가능성이 매우 낮다는 점을 보여 주는 것이다. 즉,

우연히 나올 가능성이 적다는 사실만을 보여 줄 수 있을 뿐이다.

- 영가설(null hypothesis; H_0)은 데이터가 같은 모집단에서 표집된 것이라는 진술로서 처치 간에 관찰되는 차이가 우연에 의한 것이라고 본다(즉, 카페인은 효과가 없다).

- 이러한 영가설은 잠정적으로 참이라고 간주되며, 가설 검증에서 기각하기 위해 설정된 진술이다.

- 영가설하에서 앞선 카페인 효과에 대한 예를 다시 한번 생각해 보자.

- $n=25$의 평균치로 이루어진 $\mu=10$인 모집단에서 $\overline{X}=10.8$은 우연히 나온 것이다. 즉, 약효가 없다.

- 대립가설에서 카페인이 효과가 있다면 얼마나 있는지 알 수 없다(예를 들어 $+0.5$만큼의 효과가 있다면 $\mu=10$에서 나와 약물처치를 받아 $+0.5$ 효과가 더해져서 평균이 10.5인 모집단에서 뽑혀 나왔다고 봐야 한다). 그래서 얼마의 효과가 있는지 알 수 없으므로 좌우간 $\mu \neq 10$에서 나온 것이라고 표기한다.

- 따라서   • H_0: 관찰된 값은 $\mu=10$에서 계산된 것이다. [$\mu=10$]
            • H_1: 관찰된 값은 $\mu \neq 10$에서 계산된 것이다. [$\mu \neq 10$]

- 영가설과 대립가설은 모수치로 언급되며 두 가지 합치면 모든 확률을 점유(즉, 확률이 1이 되도록)하도록 해야 한다.

- 모수치로 언급하는 이유는 비록 1명이나 100명을 대상으로 연구하더라도 연구자의 관심은 인간 일반에게 있는 것이며, 그 특정한 1명이나 100명에 있는 것이 아니기 때문이다.

- 영가설하에서 약효가 없다면 이 $+0.8$의 효과는 순전히 표집오차 때문에 생긴 것이다. (즉, 우연히 기억력 좋은 사람이 뽑혔기 때문일 수 있다.)

- 우연에 의해 이런 $+0.8$의 효과가 생길 확률은 얼마나 되나?

- 비록 우리는 단 25명의 피험자만 뽑아내었지만, 무수히 뽑아내 본다면 ($n = 25$인 표집분포) 그 분포는 어떻게 될지를 생각해 보아야 한다.

- $n = 25$로 이루어진 표집분포는 모집단의 평균 10을 중심으로 분포할 것이 며 그 표준편차 $\sigma_{\bar{x}} = \dfrac{\sigma_x}{\sqrt{n}} = \dfrac{2}{\sqrt{25}} = \dfrac{2}{5} = 0.4$가 될 것이다.

- $z_{관} = \dfrac{\bar{X} - \mu}{\sigma_{\bar{x}}} = \dfrac{10.8 - 10}{0.4} = 2$이다.

- 표집분포는 이론적인 것이고 정상분포를 가정할 수 있으므로 부록의 z표에서 $z = 2$일 때의 꼬리면적을 찾아보면 0.0228이다. 즉, 2.28% 정도이다.

- 즉, 카페인이 효과가 없다면 모집단에서 25명을 뽑아 10.8점 이상의 값을 얻을 확률은 2.28% 정도밖에 안 되는 적은 확률이다. → 우연히 그렇게 되기에는 확률이 너무 적다(?). → 우연이 아닌 듯하다. → 우연히 그렇게 된 것이 아니다. → 우연(표집오차) 때문이 아니라면 (우리는 약효가 없다라는 영가설하에서 우연히 표집오차 때문에 그렇게 될 확률을 계산했는데, 그 확률이 너무 작아 우연이 아니라고 결론짓는다) 왜 +0.8의 값이 나왔는가?

- 앞의 두 가지 가능성 중 카페인은 효과가 없다고(H_0) 했던 것이 무리한 가정이었다.

- 그러니 H_0를 버리고(H_0 기각) 약효가 있었다고 결론짓는다.

- 이것이 모든 가설검증에서 사용되는 논리적 방략이다.

- 이런 논리적 방략은 모든 가설검증에서 공통적으로 통용되는 것이므로 거의 암기해 둘 필요가 있다.

- 이제 정리를 해보자.

  1) 영가설(H_0): 카페인은 효과가 없다.
  2) 그렇다면 $X = 10.8$은 우연히 나온 것이다.

3) 순전히 우연에 의해 10.8개 이상의 큰 값이 나올 확률을 조사해 보자 (표집분포상에서).

4) $n = 25$인 표집분포는 $\mu = 10$, $\sigma_{\overline{x}} = \dfrac{\sigma}{\sqrt{n}} = \dfrac{2}{\sqrt{25}} = 0.4$

5) $X = 10.8$을 z점수로 변환하면 $z_{관} = \dfrac{10.8 - 10}{0.4} = +2$

6) z점수 2에 해당되는 면적 0.0228, 즉 25명을 뽑아 그들의 기억률 평균이 10.8 이상일 확률은 2.28%에 불과하다.

7) 확률이 적기 때문에 우연히 그런 일이 일어나기는 어렵다고 판단한다.

8) 따라서 카페인이 기억에 효과가 없다는 가정은 무리수이며, 영가설을 기각한다.

9) 카페인은 기억에 효과가 있다고 결론을 내린다.

8.3. 유의도 수준

- 앞서 기술된 단일 사례, 단일 집단의 통계적 논리를 생각해 보자.

- 모두 관찰된 평균치가 카페인을 투여하지 않은 모집단에서 나올 확률이 매우 작기 때문에 영가설을 기각하였다. 여기서 드는 의문점은 영가설을 기각하기 위해선 확률이 얼마나 작아야 하는가이다.

- 행동과학에서는 관례적으로 관찰치를 우연히 얻을 가능성이 5%보다 작을 때를 기준으로 삼는다. 처치집단에서 관찰된 평균치가 비처치집단에서 얻어질 확률인 5%보다 작다면, 처치가 효과가 없다는 영가설은 기각되고 처치가 어떤 영향을 주었다고 결론을 내린다.

- 이를 ".05 수준에서 유의미하다"라고 하며, "$p < .05$(확률이 .05보다 작다)"라고 표현한다.

- .05의 유의도를 채택했다면 우연히 관찰치를 얻을 가능성이 100번 중 5번

도 안 될 확률을 의미한다.

- 하지만 어떤 상황에서는 보다 엄격한 기준이 필요할 수도 있다.

- 일반적으로 약물에 관한 연구에서는 .01의 유의도를 채택한다. 이는 100
번 중 1번도 안 될 확률이다($p < .01$). 의학 연구에서는 보다 엄격한 기준
인 .001의 유의도를 채택한다. 이는 1000번 중 1번도 안 될 확률이다($p < .001$).

- 이러한 영가설을 기각하기 위한 기준을 유의도 수준(의의도 수준; significance
level 또는 임계 수준; critical level)이라 하며 α로 표시한다.

8.4. 검증의 방향

- 가설 검증을 할 때는 비방향적 검증을 할 수도 있고 방향적 검증을 할 수
도 있다.

- 비방향적 검증(nondirectional test)은 효과의 방향을 예언하지 않는 검증
이다.

- 예를 들어, "카페인이 기억에 영향을 미치는가?"와 관련된 질문은 카페인
이 기억을 촉진시킬지 아니면 억제시킬지 방향을 문제 삼지 않고 어느 쪽
이든 영향이 있는지에 관심이 있을 때 행한다.

- 따라서 비방향적 검증에서는 영가설을 기각하는 영역을 양쪽에(꼬리가 두
개) 설정하고 검증을 한다. 양쪽 꼬리에 기각영역을 두기 때문에 양방검증
(two-tailed test)이라 불린다.

- 전체 평균에서 벗어나는 방향이 양극단에 위치한다. $\alpha = .05$의 유의도 수
준을 사용한다면 비방향적 검증에서는 양쪽을 합해서 5%의 기각영역을
설정한다.

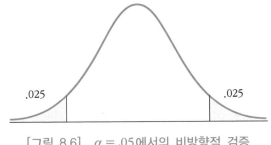

[그림 8.6] $\alpha = .05$에서의 비방향적 검증

– 일반적으로 처치의 효과가 어느 방향으로 향할지 모르는 경우가 많기 때문에 비방향적 검증을 행하는 경우가 많다.

– 그러나 선행연구들이 어떤 방향을 시사해 주거나 뚜렷한 경험적 근거가 있다면 방향적 검증을 행할 수 있다.

– 방향적 검증(directional test)은 효과의 방향을 예언하는 검증이다.

– 예를 들어, 카페인은 각성을 일으키고, 이러한 각성이 전반적인 인지기능을 향상시킨다는 것이 확실하다면 일방적 검증을 할 수 있다.

– 비방향적 검증에서는 영가설을 기각하는 영역을 한쪽으로만 설정한다. 한쪽 꼬리에 기각영역을 두기 때문에 일방검증(one-tailed test)이라 불린다.

– 평균에서 벗어나는 방향이 한쪽 끝에 위치한다. $\alpha = .05$의 유의도 수준을 사용한다면 한쪽에 5%의 기각영역을 설정한다. 효과의 방향에 따라 +쪽일 수도 있고, −쪽일 수도 있다.

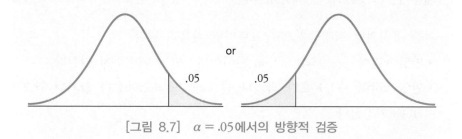

[그림 8.7] $\alpha = .05$에서의 방향적 검증

−방향적 검증에서는 가설에 방향이 존재하기 때문에 대립가설과 영가설도 달라진다. 앞서 카페인과 기억의 예를 들어보면

- H_0: 카페인은 기억을 촉진시킬 것이다(관찰된 평균치는 $\mu \leq 10$인 모집단에서 뽑은 표본에서 계산된 것이다).
- H_1: 카페인은 기억을 촉진시키지 않을 것이다(관찰된 평균치는 $\mu > 10$인 모집단에서 뽑은 표본에서 계산된 것이다).

8.5. 결정규칙

−결정규칙(decision rules)이란 어느 때 영가설을 기각하고 어느 때 영가설을 기각하지 않는지를 정확히 지시해 주는 계산된 통계치로 표현된 진술이다.

−행동과학에서 연구자들이 .05의 유의도 수준을 채택했다는 것은 관찰된 표본평균치가 비처치 모집단에서 5% 미만으로 뽑힐 정도로 작은 확률일 때, 영가설을 기각한다는 것을 의미한다.

−앞서 검증의 방향에서 언급했듯이 비방향 검증을 할 경우 효과의 방향을 모르기 때문에 정상분포의 양극단의 .025에 해당되는 기각역을 설정한다.

−이때 표준정상분포상에서 +쪽의 .025에 해당되는 z값은 +1.96이다(부록 1에서 .025에 해당되는 z값을 찾아 확인해 보자). 표준정상분포가 대칭이기

때문에 −쪽의 z값은 −1.96이다.

─이를 공식적인 결정규칙으로 표현하면 다음과 같다.
- 만일 z값이 −1.96과 +1.96 사이이면, H_0을 기각하지 않는다.
- 만일 z값이 −1.96보다 작거나 같으면, 또 +1.96보다 크거나 같으면 H_0을 기각한다.

─이 진술을 기호를 사용하면 다음과 같이 표시할 수도 있다.
- 만일 −1.96<z<+1.96이면, H_0을 기각하지 않는다.
- 만일 z<=−1.96 또는 z>=+1.96이면, H_0을 기각한다.

─여기서 영가설을 기각하거나 기각하지 않는 결정을 내리게 하는 z값인 +−1.96을 임계치(critical values)라 한다.

─방향적 검증을 할 경우에는 당연히 비방향적 검증의 결정규칙과 임계치와 다르다. .05의 유의도 수준을 채택했을 때 효과의 방향에 따라 기각영역이 한쪽으로만 설정된다.

─효과의 방향이 +라면, 표준정상분포상에서 .05에 해당되는 z값 즉 임계치는 +1.645이다(부록 1에서 .05에 해당되는 z값을 찾아보자). 만일 효과의 방향이 −라면 해당되는 z값은 −1.645이다.

─이를 결정규칙으로 표현하면 다음과 같다.
- 만일 z<+1.645이면, H_0을 기각하지 않는다.
- 만일 z>=1.645이면, H_0을 기각한다.

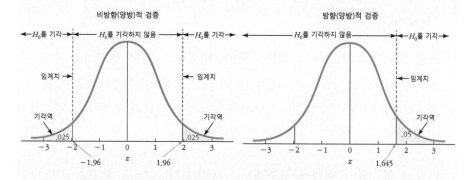

비방향(양방)적 검증	방향(양방)적 검증

가설		가설	
대립 가설	관찰된 평균치는 $\mu \ne 10$의 전집에서 끌어낸 표본에서 계산된 것이다(즉, 카페인은 효과가 있다)	대립 가설	관찰된 평균치는 $\mu > 10$의 전집에서 끌어낸 표본에서 계산된 것이다(즉, 카페인은 기억을 촉진시킬 것이다)
영 가설	관찰된 평균치는 $\mu = 10$의 전집에서 끌어낸 표본에서 계산된 것이다(즉, 카페인은 효과가 없다)	영 가설	관찰된 평균치는 $\mu = < 10$의 전집에서 끌어낸 표본에서 계산된 것이다(즉, 카페인은 기억을 촉진시키지 않을 것이다)

결정 규칙	결정 규칙
• 만일 $-1.96 < Z < +1.96$이면, H_0를 기각하지 않는다 • 만일 $Z = < -1.96$ 또는 $Z > +1.96$이면, H_0를 기각한다	• 만일 $Z < +1.645$이면, H_0를 기각하지 않는다 • 만일 $Z > = 1.645$이면, H_0를 기각한다

[그림 8.9] $\alpha = .05$에서의 비방향적/방향적 검증 예시

— 여기서 한 가지 주의할 점은 영가설을 기각한다는 결정을 내렸다고 해서 그 결정이 대립가설을 받아들이는 것과 반드시 동등하지는 않다는 점이다. 앞선 결정은 대립가설(H_1)에 대한 검증이 아닌 영가설(H_0)에 대한 검증이기 때문이다.

— H_1을 검증하지 않는(못하는) 것은 처치효과가 있다는 것을 안다면 검증이 필요하지도 않을 뿐더러 설령 처치 효과가 있다 하더라도 어느 정도 있는지를 알 수 없으므로 몇 점을 중심으로 표집분포가 구성되는지를 알 수 없기 때문에 확률 계산이 불가능하기 때문이다.

— 반면에 H_0는 μ를 중심으로 분포할 것이므로 확률 계산이 가능하다.

— 그래서 우리는 영가설이 기각되면 효과가 있다고 확증하는 것이 아니라 관찰된 차이(표본 평균과 전집 평균 간의 차이)가 "통계적으로 유의미하다

(statistically significant)" 또는 "유의미하다(significant)"라는 통계적 용어를 사용한다.

- 또한 영가설을 기각하지 않는 결정을 내렸다고 해서 영가설을 수용하는 것도 아니다. 영가설을 채택했다는 의미는 표집오차에 비해 크기 N의 표본에서 영가설을 기각할 만큼 충분한 z값이 생성되지 못했다는 의미일 뿐이다.

- 따라서 영가설이 채택된 경우에도 "유의미하지 않다"란 표현을 쓴다.

8.6. 계산 및 결정

- 이미 앞서 카페인이 기억에 영향을 준다는 사실은 증명되었지만 카페인과 기억과의 관계에 대한 가설을 다시 한번 공식적으로 z검증을 해보자.

- 연구문제
  • 만일 카페인을 투여하지 않은 모집단의 평균 기억률이 10이고 표준편차가 2일 때, 25명을 표집하여 기억률을 조사한 결과 10.8이 나왔다. 카페인은 기억에 영향을 미치는가?

- 통계적 가설
  • H_0: 관찰된 값은 $\mu = 10$에서 계산된 것이다. [$\mu = 10$]
  • H_1: 관찰된 값은 $\mu \neq 10$에서 계산된 것이다. [$\mu \neq 10$]

- 가정과 조건
  • 표본은 무선적이고 독립적으로 표집되었다.
  • 모집단은 정상분포라고 가정된다.

- 유의도 수준
  • .05수준 채택

- 검증 방향과 임계치
  - 양방 검증
  - $+-1.96$

- 결정 규칙
  - 만일 $-1.96 < z < +1.96$이면, H_0을 기각하지 않는다.
  - 만일 $z < = -1.96$ 또는 $z > = +1.96$이면, H_0을 기각한다.

- 계산

$$\mu = 10, \ \sigma_{\bar{x}} = \frac{\sigma}{\sqrt{n}} = \frac{2}{\sqrt{25}} = 0.4$$

$$z_{관} = \frac{10.8 - 10}{0.4} = +2$$

- 결정과 해석
  - $z_{관} = +2$값이 1.96보다 크기 때문에 영가설을 기각한다.
  - 즉, 카페인을 먹지 않고 25명의 평균이 10.8을 기억하기는 힘들다. 따라서 카페인은 기억에 유의미하게 영향을 미친다.

8.7. 결정의 오류

- 하지만 가설검증 논리의 이면에는 항상 예외 없이 두 가지의 오류가 수반되는데 이런 오류를 Ⅰ종 오류와 Ⅱ종 오류라고 명명하고 있다.

- 가설검증의 논리를 떠올리면서 우선 Ⅰ종 오류를 검토해 보자.

- 가설검증에서는 처치효과와 표집오차라는 두 효과를 동시에 고려할 수 없으므로 늘 영가설(처치효과가 없다. 관찰된 값은 표집오차에 의한 것이다)하에서 그 영가설이 사실인지를 확률적으로 검토한다.

- 영가설이 사실이라고 가정하고 그 표집분포에서 관찰된 값을 얻을 확률을

계산하여 그 확률이 작다면(100 중 5도 안 된다면, $p < .05$) 영가설을 기각하는 결정을 내리게 된다. 이것이 Ⅰ종 오류(type Ⅰ error)이다.

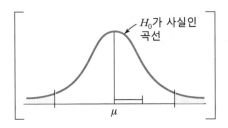

이 그림에서 짙은 색 기각영역은 H_0이 사실인 경우다. 그런데도 불구하고 확률이 작다고(인간이 임의로 정한 100 중 5) 영가설을 기각하는 것이다. 이런 Ⅰ종 오류의 확률은 유의수준 α와 같다($p = \alpha$).

[그림 8.10] H_0하에서의 기각영역과 Ⅰ종 오류 확률

- $\alpha = .05$에서 우리가 100번의 결정을 내린다면 그중 5번은 잘못된 결정을 하게 될 것이다. (확률은 작지만 H_0이 사실일 수 있기 때문이다.)

- 즉, Ⅰ종 오류는 H_0가 사실임에도 불구하고 확률이 작다고 H_0를 기각하는 오류를 말하며 그 확률은 유의수준 α와 같다.

- $\alpha = .05$보다는 $\alpha = .01$을 또 $\alpha = .001$의 수준을 채택한다면 Ⅰ종 오류는 줄어들 수 있다.

- 그렇다면 $\alpha = .05$ → $\alpha = .01$ → $\alpha = .001$의 유의수준으로 가면 Ⅰ종 오류는 줄어들기 때문에 더 엄격하고 좋은 검증이란 느낌이 들 수 있을 것이다. 그러나 Ⅰ종 오류가 줄어드는 만큼 다음에 설명하는 Ⅱ종 오류는 늘어나게 된다. (일장일단이 있는 것이다.)

- Ⅱ종 오류(type Ⅱ error)란 영가설이 틀린데도(대립가설이 맞는데도) 불구하고 영가설을 기각하지 못하는(대립가설이 맞다고 하지 못하는) 오류이다.

- 앞서 언급했듯이 통계적 검증의 대상이 되는 것은 영가설이고 대립가설을 직접 검증할 방법이 없기는 하지만 대립가설이 다음 그림과 같다고 생각해 볼 수는 있을 것이다. 우리가 진위를 검증할 수 있는 것은 영가설이기 때문에 대립가설의 표집분포곡선은 머릿속으로 생각만 해보는 것이다.

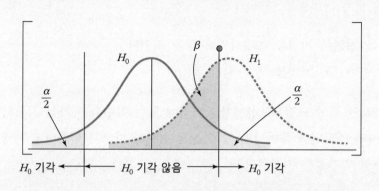

결정	실제상황(진실)	
	H_0는 참	H_0는 거짓
H_0를 기각	1종 오류 α	바른 결정 $1-\beta$
H_0를 기각하지 않음	바른 결정 $1-\alpha$	2종 오류 β

[그림 8.11]   Ⅰ종 오류와 Ⅱ종 오류

- 위 그림에서 통계적 검증이 이루어지는 것이 H_0이며, 그 H_0의 분포만 알 수 있고 확률적 결정이 가능하다. 그래서 실선으로 표시하였다.

- 그 표집분포에서 세로로 길게 그어진 선을 그어 놓고(확률을 정해 놓고) 그 것을 벗어나면 H_0를 기각하고 벗어나지 않으면 기각하지 않는다.

- 만일 점선으로 표시된 H_1이 맞는 것이라면 작은 동그라미로 표시된 부분 (β)은 H_0를 기각하고 H_1이 맞다고 해야 마땅한데도 H_0를 기각하지 못하 는 오류가 생기는 것이다(Ⅱ종 오류).

- 즉, Ⅱ종 오류는 H_1이 참(H_0가 틀림)임에도 불구하고 H_0를 기각하지 못하 는 오류가 된다.

- 앞서 예시로 들었던 카페인이 기억을 향상시킬 것이라는 방향검증의 예를

들어 보자.

- H_0: 카페인은 기억을 촉진시키지 않을 것이다.

  H_1; 카페인은 기억을 촉진 시킬 것이다.

- 비카페인 투여 표집분포상에서 α영역에 있는 점수들은 가설 검증의 논리에 따라 카페인을 투여받지 않고 높은 점수가 나오기 힘들다고 가정된다. 따라서 영가설은 기각된다.

- 하지만 반대로 생각해 보면 카페인을 투여하지 않았음에도 불구하고 높은 점수가 나올 가능성은 존재한다.

- 즉, 원래부터 기억력이 좋거나 또는 좋은 컨디션 등 카페인과 상관없는 여러 가지 이유로 인해 높은 점수를 얻었을 수도 있다.

- 그러나 가설검증의 논리에 의해 카페인 때문에 나온 결과라 결정을 하게 된다.

- 이러한 오류가 I종 오류이다. 즉 카페인이 효과가 없음에도 불구하고 카페인이 효과가 있다고 생각하고 영가설을 기각하는 오류이다.

- 이번엔 카페인 투여 표집분포를 살펴보자. 이 분포는 카페인을 투여의 효과로 인해 나온 점수들로 구성된 분포이다.

- 하지만 .05의 기준에 의거해 β영역에 있는 점수들은 카페인의 효과에 의해 나온 점수임에도 불구하고 카페인이 효과가 없다는 결정이 이루어진다.

- 이러한 오류가 II종 오류이다. 즉, 카페인이 효과가 있음에도 불구하고 카페인이 효과가 없다는 영가설을 채택하는 오류이다.

- 어떤 통계적 검증이든지 I종 오류와 II종 오류는 존재하기 마련이다.

- 유의도 수준을 왼쪽으로 이동시키면(.001 → .01 → .05) II종 오류(α)는 줄어들지만 반대로 I종 오류(β)는 증가된다.

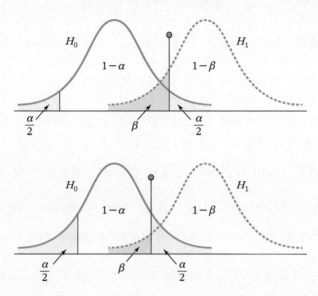

[그림 8.12] Ⅰ종 오류와 Ⅱ종 오류의 연계성

$$\alpha = .05 \qquad \alpha = .01 \qquad \alpha = .001$$

$\longrightarrow$ (Ⅰ종 오류↓, Ⅱ종 오류↑)

(Ⅰ종 오류↑, Ⅱ종 오류↓) $\longleftarrow$

8.8. 통계적 검증력

— 통계적 검증력(power of test)은 H_0가 참이 아닐 때 H_0를 기각하는 결정으로 이끄는 확률을 의미한다.

— H_0가 참이 아닐 때, H_0를 기각하지 않는 결정을 내리는 Ⅱ종 오류는 β의 확률로 발생된다. 따라서 H_0를 올바르게 기각하는 확률, 즉 검증력은 $1 - \beta$이다.

— 연구자들은 H_0가 참이 아니라 기각되어야 한다면, 통계적 검증을 통해 바른 결론이 내려지기를 바란다. 즉 처치 효과가 있다면 통계적 절차를 통

해 그 효과를 탐지하는 검증력을 갖기를 원한다.

- 높은 통계적 검증력은 좋은 통계적 검증의 주요한 요건이 된다.

- 통계적 검증력을 높일 수 있는 몇 가지 방안이 있다.

- 첫 번째는 유의도 수준을 증가시키는 것이다. .05 수준에서 수행된 검증은 .01 수준에서 수행된 검증보다 검증력이 더 높다. 당연히 .01 수준에서 수행된 검증이 .001 수준에서 수행된 검증보다 검증력이 더 높다.

- 이는 α가 증가함에 따라 H_0가 기각되기 쉽다는 의미이다. 하지만 반대로 α가 증가함에 따라 Ⅰ종 오류의 가능성도 증가하게 된다.

- 두 번째는 표본의 크기가 증가함에 따라 검증력도 커진다. 표본의 크기가 증가하게 되면 통계치의 표준오차가 줄어들기 때문에 모수치에 대한 추정치의 정확도가 커지게 된다.

- 세 번째는 모수치에 대한 구체적인 가정을 할수록 통계적 검증력이 더 높아진다. 종속변인들의 척도가 비율척도인지, 정상분포를 이루는지, 집단들 간의 변량이 비슷한지와 같이 모수치에 대한 구체적인 가정이 충족될 때 그렇지 않은 조건보다 통계적 검증력이 더 크다.

연습문제

문제

① 통계적 검증이 대상이 되는 것은 H_1이 아니라 H_0인 이유는?

② 방향적 검증과 비방향적 검증은 어떤 경우에 사용하는가?

③ 통계적 검증에 필수 수반되는 두 종류의 오류를 설명해 보라.

④ 의의도 수준을 [$\alpha = .05$. $\alpha = .01$, $\alpha = .001$] 선정하는 데 고려해야 할 것은 무엇인가?

단일 표본 t검증

z검증과 t검증의 차이와 단일 표본 t검증을 사용하는 이유를 이해한다. 모집단의 변산성을 모를 경우 표본을 통해 변산성을 추정하는 원리를 이해하고, 실제 t검증을 절차에 따라 검증할 수 있도록 검증과정을 숙지한다.

− 앞서 다룬 가설검증에서 핵심적인 과정 중 하나는 H_0하에서 표본값을 얻을 확률을 구하기 위해 이론적(가설적) 표집분포를 이용하는 것이다.

− 즉, z분포(표준정상분포)를 사용하여 확률을 계산하였고, $z_{관} = \dfrac{\overline{X} - \mu}{\sigma_{\overline{x}}}$ 라는 공식을 사용하여 표준점수를 계산하였다.

− 하지만 μ는 아는데 σ는 모른다면 어떻게 해야 할까? σ_x는 모집단의 표준편차이고 s_x는 우리가 표본에서 계산한 표준편차임을 기억하라.

− 대략 100여 년 전 이러한 문제를 고민하던 영국의 맥주회사의 직원이 있었다. 그는 대학의 수학 연구자가 아닌 맥주회사 직원이었다. 그의 이름은 W. S. Gosset(1876~1937)이다.

− Gosset는 1899년 옥스퍼드 수학과를 졸업한 후 아일랜드 더블린에 있는 기네스 사에 입사를 하게 된다(여러분들이 알고 있는 바로 그 맥주회사다).

− 기네스 사는 어떻게 하면 고품질의 맥주를 일관성 있게 제조할 수 있을까 하는 문제를 해결하고 싶었다.

− 하지만 맥주 원료인 맥아 품종이 지니는 맛의 변화도 알 수 없었고(변산성) 또한 비싼 연구비용으로 인해 아주 적은 양의 맥아를 사용하여 맛없는 맛이 나올 확률을 계산할 수밖에 없다.

− Gosset은 연구 끝에 모집단의 변산성을 모르고 표본의 수도 작을 때 적용할 수 있는 검증방법을 발견하였다.

- 하지만 기네스 사는 이러한 발견을 회사 영업비밀로 다루었기 때문에 직원의 연구결과에 대해 논문 발표를 금지시켰다.

- 게다가 그의 스승이었던 Cal Pearson조차도 연구 결과를 인정해 주지 않았다. 그 이유는 당시 생물 측정학에선 정확하게 측정하여 답을 하는 것을 중요시 여겼기 때문에 적은 수의 표본으로 추론을 하는 방법에 대해선 가치를 두지 않았기 때문이다.

- 여러 이유로 Gosset는 1908년 'Student'라는 필명으로 논문을 발표했고 그가 죽을 때까지 그의 업적은 비밀로 부쳐졌다.

- Gosset가 죽은 뒤 동료 학자들에 의해 그의 업적이 알려지게 되었다(반전은 그는 죽을 때까지도 기네스 사의 직원이었다).

9.1. 모집단 변산성의 추정

- 앞서 다룬 z검증에서 $z_관$를 구하기 위해선 μ와 $\sigma_{\bar{x}}$와 같은 모수치를 필요로 하였다.

- 즉, $z_관$를 구해 z분포(표준정상분포)에서 나타날 확률을 계산하였다.

- $z_관$를 구하는 공식은 다음과 같다.

$$z_관 = \frac{\bar{X} - \mu}{\sigma_{\bar{x}}}$$

- 하지만 모집단의 변산성(σ)을 모를 경우엔 어떻게 검증할 수 있을까?(사실 모수치를 모르는 경우가 대부분이다.)

- 이런 경우 가장 쉽게 생각할 수 있는 방법은 모집단에서 표집을 한 표본의 표준편차를 이용하는 것이다.

- 즉, 표본에서 계산된 $s_{\bar{x}}$로 $\sigma_{\bar{x}}$를 추정하는 방법을 사용한다.

$-\sigma_{\bar{x}} = \dfrac{\sigma_x}{\sqrt{n}}$ 을 $s_{\bar{x}} = \dfrac{s_x}{\sqrt{n}}$ 으로 하면 된다.

$$z_{관} = \frac{\overline{X}-\mu}{\sigma_{\bar{x}}} \;\Rightarrow\; \frac{\overline{X}-\mu}{s_{\bar{x}}} = t_{관}$$

— 이제 문제가 해결된 것일까? 아니다. 진짜 문제는 이제부터이다.

— 대부분의 연구에서 표본의 수가 작다는 데 문제가 있다.

— 작은 표본하에서 표본의 표준편차 s로 모집단의 표준편차 σ를 추정할 때 편향된 추정치(biased estimate)가 나올 가능성이 크다.

— 일반적으로 표준편차 s가 모집단의 표준편차 σ보다 작게 나온다.

— 모집단으로부터 표집된 표본은 평균에 가까운 값이 뽑힐 가능성이 높기 때문이다.

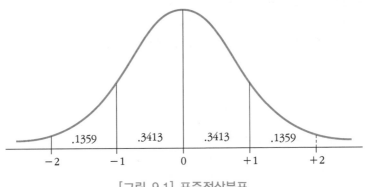

.1359   .3413   .3413   .1359

-2 -1 0 $+1$ $+2$

[그림 9.1] 표준정상분포

— 적어도 표본의 수가 최소한 $n \ge 30$ 이상은 되어야 하고 50 또는 100 이상은 되어야 z분포에서의 확률값이 정확할 수 있다.

— 하지만 대부분의 행동과학 연구에서 표본의 수는 작은 편이다.

— 이는 기네스 맥주회사 직원이었던 Gosset이 비용문제로 많은 표본을 사용할 수 없었던 문제와 같다.

─Gosset은 이 문제를 어떻게 해결했을까?

9.2. Student t분포

─Student t분포는 Gosset이 개발한 이론적 상대빈도분포이다.

─z분포는 무한한 표본 수에 근거한 이론적 분포라면 t분포는 각각의 표본 수(n, 정확히는 자유도; $n-1$)에 따라 각각 상이한 t분포들이 존재한다(자유 도에 대해선 바로 다음에 자세히 다룰 예정이다).

─기본적으로 표본의 수(자유도)가 무한대인 경우 t분포와 z분포는 동일하 지만 표본의 수가 줄어들수록 그 차이는 점점 커진다.

─t분포는 z분포보다 가운데가 가라앉아 있고 양극단의 꼬리가 높으며, 이 는 표본 수(자유도)가 작을수록 더욱 이러한 경향이 커진다.

─그렇기 때문에 임계치는 z분포보다 상대적으로 큰 값을 지니게 되며, 표 본 수(자유도)가 작을수록 정상 곡선과 차이가 더 커진다.

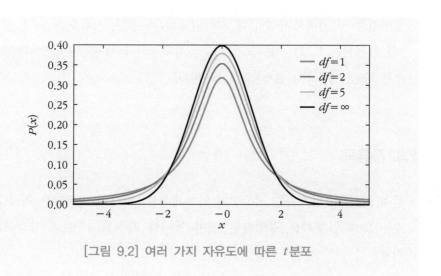

[그림 9.2] 여러 가지 자유도에 따른 t분포

- 이러한 표본 수에 따른 분포모양의 변화는 영가설을 기각하기 위한 임계치에 영향을 미친다.

- z분포는 단 1개인 반면 t분포는 사례수(자유도)에 따라 무수히 많기 때문에 부록 A에 있는 z분포처럼 몸통 면적과 꼬리 면적을 제시할 수는 없고 여러 가지 유의도 수준과 자유도에 따른 t의 임계치만을 부록 B에 따로 제시하고 있다.

- 예를 들어, $n=10$일 때 .05 수준의 양방검증을 한다고 가정해 보자.

- 이때 자유도$(n-1)$는 9이다. 자유도가 9일 때 t의 임계치는 $+-2.262$이다.

- 만일 $n=25$인 경우엔 자유도는 24이고, t의 임계치는 $+-2.064$이다.

- z분포에서 양방검증 시 .05 수준의 임계치는 $+-1.960$이었다. 실제로 표본의 수가 많아질수록 z분포와 유사해지며 그에 따라 임계치도 비슷해진다(표본의 수가 120인 경우 t의 임계치는 $+-1.980$이다).

- 일방검증도 알아보자. z검증에서 일방검증 시 .05 수준의 임계치는 1.645였다(효과의 방향에 따라서 $+$, $-$를 붙이면 된다).

- 일방검증 시 자유도가 9일 때 t의 임계치는 1.833, 자유도가 24일 경우엔 t의 임계치는 1.711, 자유도가 119인 경우 t의 임계치는 1.658이다(표본의 수가 120인 경우 t의 임계치는 1.658이다).

9.3. 자유도

- 앞서 t분포의 임계치를 배우면서 가지게 되는 하나의 의문점은 왜 표본의 수(n)으로 임계치를 결정하는 것이 아니라 자유도$(n-1)$로 결정하는가이다.

- 다시 한번 자유도에 대해서 다루어 보자.

- 우선 자유도(degrees of freedom; df)란 특정 계산 안에서 자유롭게 변할 수 있는 수를 의미한다.

- 모든 통계치는 그와 관련된 특정한 수의 자유도를 지닌다.

- 우선 표본 평균치 $\overline{X}$의 자유도를 알아보자.

$$\overline{X} = \frac{\sum X}{n}$$

- $\overline{X}$는 평균치를 구성하고 있는 n개만큼의 자유도를 지닌다.

- 평균값을 알기 위해선 모든 n개의 점수를 다 알아야 한다. 만일 10개의 측정치 중 9개만을 안다고 가정을 해도 우리는 마지막 1개의 값을 알 수 있는 방법은 없다.

- 이런 의미로 모든 N수의 점수들은 어떤 값이라도 될 수 있기 때문에 $\overline{X}$의 자유도는 n이 된다.

- 그럼 표본에서 변량(표준편차)의 자유도에 대해 알아보자.

$$s_x^2 = \frac{\sum (X_i - \overline{X})^2}{n-1}$$

- 표본에서 변량의 자유도는 $(n-1)$이다.

- 각 편차들은 분포에 있는 점수들에 따라 값이 달라진다.

- 이때 하나의 편차를 제외하고는 모두 자유롭게 변할 수 있다. 즉, 하나의 편차를 제외한 모든 값을 알고 있다면 나머지 하나의 값은 이미 고정되어 있다는 의미이다.

- 이를 이해하기 위해선 평균치의 특성을 다시 상기시켜야 한다.

- 표본을 구성하고 있는 원점수에서 평균을 뺀 값을 모두 더하면 0이 된다. 즉, $\sum (X_i - \overline{X}) = 0$이다.

- 예를 들어 (3, 7, 11)로 구성된 분포를 가정해 보자. 만일 두 개의 편차 값만을 알고 있다면 나머지 하나의 편차 값을 예상할 수 있다. '4'.

X	$\overline{X}$	$(X_i - \overline{X})$
3	7	-4
7	7	0
11	7	?
		$\sum (X_i - \overline{X}) = 0$

- 즉, $(n-1)$개의 편차를 알고 있다면 마지막 편차의 값은 자유롭게 변할 수 없다. 이는 $(n-1)$개의 편차들만이 자유롭게 변할 수 있다는 의미이다.

- t의 자유도 역시 앞서 살펴보았듯이 $(n-1)$이다.

$$t = \frac{\overline{X} - \mu}{s_x / \sqrt{n}}$$

- t값에서 μ, $\overline{X}$, n은 고정되어 있는 값이다.

- 따라서 t의 자유도는 s_x의 자유도이며, 이는 앞서 살펴보았듯이 $(n-1)$이다.

- 이제 우리는 자유도에 대해 알았다(정말이다).

- 그럼 다시 첫 질문으로 돌아오면 왜 t의 임계치를 정하는데 실제 표본의 수 n이 아닌 자유도$(n-1)$를 사용하는가이다.

- t검증은 표본의 표준편차로 σ를 추정하는 방법을 사용한다.

- 하지만 우리는 앞서 표본의 표준편차 s로 모집단의 표준편차 σ를 추정할 때 편향된 추정치(biased estimate)가 나올 수 있다는 사실을 배웠었다.

- 일반적으로 표준편차 s가 모집단의 표준편차 σ보다 작게 나온다.

- 이를 교정하기 위해 n 대신에 자유도$(n-1)$로 나누는 방법을 사용하는 것

이다.

−s의 공식의 분모가 n보다는 $n-1$이 되면 s값이 조금은 커지게 된다.

$$\frac{\sum (X_i - \overline{X})^2}{n} < \frac{\sum (X_i - \overline{X})^2}{n-1}$$

−잊지 말아야 할 사실은 모집단의 변량/표준편차를 추정할 때만 자유도(n −1)를 고려한다는 점이다.

−모집단의 변량/표준편차의 경우엔 N을 그대로 사용하면 된다.

9.4. 단일 표본 t검증의 예시

−그럼 본격적으로 가설검증을 해보자.

−연구문제
- 만일 카페인을 투여하지 않은 모집단의 평균 기억률이 10이고, 25명을 무선적으로 표집하여 카페인을 투여한 결과 기억 평균이 11.2이고 표준편차가 2.2라고 가정해 보자. 카페인은 기억에 영향을 미치는가?

−통계적 가설
- H_0: 관찰된 값은 $\mu = 10$에서 계산된 것이다. [$\mu = 10$]
- H_1: 관찰된 값은 $\mu \neq 10$에서 계산된 것이다. [$\mu \neq 10$]

−가정과 조건
- 표본은 무선적이고 독립적으로 표집되었다.
- 모집단은 정상분포라고 가정된다.

−유의도 수준
- .05 수준 채택

- 검증방향과 임계치
  - 양방검증
  - $\alpha = .05$이고, t분포에서 임계치가 2.5%가 양 극단으로 들어가도록 t값을 선정해야 한다. 표본의 수가 25이므로 자유도(df)는 $n-1 = 25-1 = 24$이다. 부록의 표 B에서 자유도 24의 임계치는 -2.064와 $+2.064$이다.

- 결정 규칙
  - 만일 $-2.064 < t < +2.064$이면, H_0을 기각하지 않는다.
  - 만일 $t < = -2.064$ 또는 $t > = +2.064$이면, H_0을 기각한다.

- 계산

$$t_{관} = \frac{\overline{X} - \mu}{s_{\overline{x}}} = \frac{\overline{X} - \mu}{\dfrac{s_x}{\sqrt{n}}} = \frac{11.2 - 10}{\dfrac{2.2}{\sqrt{25}}} = \frac{1.2}{0.44} \fallingdotseq 2.73$$

- 결정과 해석
  - $t_{관} = +2.73$값이 $+2.063$보다 크기 때문에 영가설을 기각한다.
  - 즉, 카페인을 먹지 않고 25명의 평균이 10.8을 기억하기는 힘들다. 따라서 카페인은 기억에 유의미하게 영향을 미친다.

- 이로서 우리는 단일 표본 t검증을 끝냈다. 여기까지일까? 아니다. 아직 또 다른 문제가 남아 있다.

- 이와 관련해서는 분명 앞서 잠깐 언급을 하긴 했었다. 이제 다음 장으로 가보자.

연습문제

문제

① z 분포와 t 분포는 어떻게 다른가?

② 사람들은 평균적으로 10분 동안 10개의 무의미 철자를 외울 수 있다. 25명의 사람을 무선적으로 뽑아 특정 소음 속에서 10분간 학습을 시킨 결과 8.8개의 무의미 철자를 기억했으며, 표준 편차는 2.2였다. 소음이 무의미 철자를 기억하는 데 영향을 주었는지 결과를 분석하고 해석해 보라.

두 표본에 대한 t검증

모집단의 변량과 평균을 알지 못하는 상황에서 사용할 수 있는 검증방법이다. 먼저 독립집단과 상관집단의 연구 설계에 대해 이해해야 한다. 단일 표본 t 검증과 독립집단 t 검증, 상관집단 t 검증의 표준오차 계산법이 다른 점을 이해해야 한다.

– 우리는 앞서 표본의 수가 적고, 모집단의 시그마 즉 변산성을 알 수 없을 때 사용할 수 있는 단일 표본 t 검증에 대해서 다루었다.

– 문제는 앞 장에서 언급했듯이 대부분의 경우 모집단의 σ 뿐만 아니라 μ 도 모르는 경우가 많다는 것이다.

– 모집단의 μ 를 모를 때 어떤 문제가 생기는지 t 값을 구하는 공식을 다시 한번 살펴보자.

– 우리는 앞서 모집단의 σ 를 모를 경우 표본의 표준편차를 사용하여 t 값을 구했다. 하지만 모집단의 μ 를 모를 경우 표본의 평균을 같은 방법으로 사용할 수 없다.

– 그 이유는 t 의 공식을 보면 된다. 모집단의 평균값 μ 를 표본의 평균으로 바꾸면 분자가 0이 되기 때문에 어떠한 경우에도 t 값은 0이 나오게 된다.

– 표본의 평균값을 사용할 수 없다면 어떻게 해야 할까?

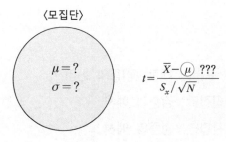

〈모집단〉

$$\mu = ?$$
$$\sigma = ?$$

$$t = \frac{\overline{X} - \mu \; ???}{s_x / \sqrt{N}}$$

[그림 10.1] 두 모수치를 모를 경우

−여기에는 두 가지 방법이 있다.

10.1. 두 표본에 대한 t검증의 논리

−이런 경우 가장 일반적인 방법은 두 집단 실험 논리를 도입하는 것이다.

−앞 장에서 다루었던 카페인 연구를 예를 들어 보자.

−우선 두 집단을 각각 15명씩 무선 표집을 한다.

−그중 한 집단의 사람들에게 카페인을 투여하고(처치를 가하는 집단, 실험 집단), 다른 한 집단에게는 카페인을 투여하지 않고(비교집단) 각각 기억검사를 실시한다.

−일반적으로 비교집단에게 기대효과 등을 통제하기 위해 식염수를 투여한다.

−실험집단($n_1 = 15$)　……　$\overline{X_1}$, (s_{x_1})
　비교집단($n_2 = 15$)　……　$\overline{X_2}$, (s_{x_2})

−대립가설은 카페인이 기억에 효과를 미친다면 카페인과 식염수의 전집 평균치들은 동일하지 않다는 것이다. 즉, H_1: $\mu_1 \neq \mu_2$ (μ_1: 카페인 집단, μ_2: 식염수 집단)이다.

−반대로 영가설은 카페인과 식염수가 각각의 전집의 평균치에 동일한 효과를 지닌다는 것이다. 즉, H_0: $\mu_1 = \mu_2$이다.

−우리는 통계의 논리에 따라 두 집단이 동일한 전집에서 표집된 것이며, 이러한 영가설이 참이라 가정하고 가설검증에 임한다.

−하지만 아무리 두 표본이 동일한 전집에서 표집되었더라도 두 평균들 간의 차이는 정확히 0이 될 가능성은 적다.

- 따라서 두 집단의 평균치들 간의 차이는 우연한 표집오차에 의해서 발생된 것이라 가정하고 그 차이가 순전히 표집오차에 의해 발생될 확률을 알아본다.

- $(\overline{X_1} - \overline{X_2})$ 간의 차이가 나는 이유는?

카페인이 효과가 있었기 때문이거나 …

우연히 표집오차에 의해 차이가 났거나 … < $- H_0$하에서 검증

- 확률은 무수히 많은 두 표본들의 평균들의 차이값으로 이루어진 표집분포에서 계산이 된다.

- 무수히 반복해서 평균치의 차이를 계산해 본다면(처치효과가 없다는 가정하에서, 즉 H_0하에서는) 카페인 투여 집단의 평균값이 클 때도 식염수 투여집단이 클 때도 있을 것이므로 $(\overline{X_1} - \overline{X_2})$는 0을 중심으로 분포할 것이다.

- 차이값으로 이루어진 표집분포의 표준 편차는 $s_{\overline{x_1} - \overline{x_2}}$로 표기된다.

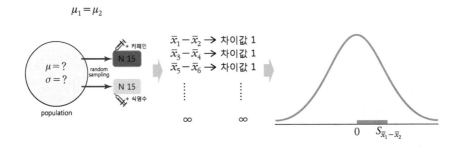

[그림 10.2] 두 집단 평균치 차이의 표집분포

- 이제 t의 공식을 생각해 보자.

- 앞서 $t_{관} = \dfrac{\overline{X} - \mu}{s_{\overline{x}}}$였지만, 이번에는 두 평균치의 차이 $(\overline{X_1} - \overline{X_2})$가 하나의 구성 요소이기 때문에 $\overline{X}$ 대신 $(\overline{X_1} - \overline{X_2})$를 대입하면 된다.

$-t_\text{관} = \dfrac{(\overline{X_1} - \overline{X_2}) - (\mu_1 - \mu_2)}{s_{\overline{x_1} - \overline{x_2}}}$ 인데 H_0하에서는 $\mu_1 = \mu_2$는 같으므로 $(\mu_1 - \mu_2)$는 0이 되고 공식은 $t_\text{관} = \dfrac{(\overline{X_1} - \overline{X_2})}{s_{\overline{x_1} - \overline{x_2}}}$ 가 된다.

$$t_\text{관} = \frac{\overline{X} - \mu}{s_{\overline{x}}} \rightarrow t_\text{관} = \frac{(\overline{X_1} - \overline{X_2}) - (\mu_1 - \mu_2)}{s_{\overline{x_1} - \overline{x_2}}} \rightarrow t_\text{관} = \frac{(\overline{X_1} - \overline{X_2})}{s_{\overline{x_1} - \overline{x_2}}}$$

$$H_0\text{하에서는 } \mu_1 = \mu_2$$

$-$두 평균치의 차이 $(\overline{X_1} - \overline{X_2})$의 표집분포에서 표준편차를 계산하는 공식은 다소 번거로운데, 암기할 필요는 전혀 없다. 두 집단의 변량만 있으면 된다.

$$t_\text{관} = \frac{(\overline{X_1} - \overline{X_2})}{s_{\overline{x_1} - \overline{x_2}}} = \frac{(\overline{X_1} - \overline{X_2})}{\sqrt{\left[\dfrac{(n_1 - 1)s_1^2 + (n_2 - 1)s_2^2}{n_1 + n_2 - 2}\right] \cdot \left[\dfrac{1}{n_1} + \dfrac{1}{n_2}\right]}}$$

$-$이 경우 자유도는 $(n_1 - 1) + (n_2 - 1)$이 된다. 즉, 각 집단의 자유도를 더해주면 전체 자유도가 된다.

$-$마지막으로 계산된 t의 관찰치와 검증방향과 자유도에 따른 임계치를 확인한 뒤 결정규칙에 따라 H_0을 기각할지 채택할지를 결정하면 된다.

$-$우리는 지금까지 독립집단에 대한 평균차이 검증을 다루었다. 두 집단이 서로 다른 사람들로 구성이 되어 있기 때문에 집단의 점수는 독립적이다.

$-$하지만 같은 사람들이 두 번 측정된 점수들이라면 두 집단의 점수들은 상관된다. 예를 들어, 한 사람에게 처치 전 측정한 점수와 처치 후에 측정한 점수를 비교할 수도 있다.

$-$이러한 경우 앞서 다루었던 독립집단에 근거한 자유도와 $s_{\overline{x_1} - \overline{x_2}}$를 추정하는 방법이 다르다.

10.2. 독립집단 t검증의 예시

−그럼 실제 숫자적인 예를 들어 독립집단 t검증을 해보자.

−연구문제

• 레고를 가지고 논 아이들과 그렇지 않은 아이들 간의 공간지각능력에 차이가 있는지를 알아보고자 하였다. 무선적으로 선정된 30명의 아동들을 두 집단으로 나눈 뒤, 한 집단은 레고를 하루에 3시간씩 가지고 놀게 두었으며, 다른 한 집단은 완성된 장난감을 하루에 3시간을 가지고 놀도록 두었다. 한 달 뒤 공간지각능력 검사의 결과가 아래와 같다. 레고 장난감은 공간지각능력에 영향을 미치는가?

[표 10.1] 레고 집단과 완성장난감 집단의 공간지각능력 검사결과

	레고 집단($n_1 = 15$)	완성장난감 집단($n_2 = 15$)
1	10	12
2	12	10
3	8	4
4	5	8
5	14	3
6	16	5
7	11	8
8	13	10
9	10	8
10	9	11
11	8	10
12	12	12
13	9	10
14	15	5
15	16	4

$$\sum X_1 = 169 \qquad \sum X_1^2 = 2043 \qquad \sum X_2 = 120 \qquad \sum X_2^2 = 1092$$

$$\overline{X_1} = 11.27 \qquad\qquad\qquad\qquad \overline{X_2} = 8$$

$$s_1^2 = 9.92 \qquad\qquad\qquad\qquad s_2^2 = 9.43$$

−통계적 가설

- H_0: $\mu_1 = \mu_2$ (μ_1: 레고 집단, μ_2: 완성장난감 집단)
- H_1: $\mu_1 \neq \mu_2$

−가정과 조건

- 각 집단의 참여자들은 무선적, 독립적으로 표집되었다.
- 집단은 독립적이다.
- 변량은 동질적이다.
- $(\overline{X_1} - \overline{X_2})$의 전집분포는 정상분포이다.

−유의도 수준

- .05 수준 채택된다.

−검증방향과 임계치

- 양방검증
- $\alpha = .05$, 양방검증에서 $df = 28$일 때의 $t_{임} = 2.048$이다.

−결정규칙

- 만일 $-2.048 < t < +2.048$이면, H_0을 기각하지 않는다.
- 만일 $t <= -2.048$ 또는 $t >= +2.048$이면, H_0을 기각한다.

−계산

- 레고 집단 $n_1 = 15$, $\overline{X_1} = 11.27$, $s_1^2 = 9.92$
- 완성장난감 집단 $n_2 = 15$, $\overline{X_2} = 8$, $s_2^2 = 9.43$

$$t_{관} = \frac{(\overline{X_1} - \overline{X_2})}{s_{\overline{x_1} - \overline{x_2}}} = \frac{(\overline{X_1} - \overline{X_2})}{\sqrt{\left[\dfrac{(n_1 - 1)s_1^2 + (n_2 - 1)s_2^2}{n_1 + n_2 - 2}\right] \cdot \left[\dfrac{1}{n_1} + \dfrac{1}{n_2}\right]}}$$

$$t_{관} = \frac{(11.27 - 8)}{\sqrt{\left[\dfrac{(15 - 1) \cdot 9.92 + (15 - 1) \cdot 9.43}{15 + 15 - 2}\right] \cdot \left[\dfrac{1}{15} + \dfrac{1}{15}\right]}} = \frac{3.27}{1.14} = 2.87$$

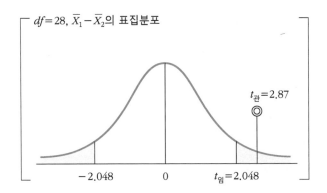

[그림 10.3] $(\overline{X_1} - \overline{X_2})$의 표집분포에서 t의 임계치와 관찰치

ㅡ해석

- $t_{관} > t_{임}$이므로 H_0를 기각하고 레고효과가 있다고 결론지으면 되는데, 레고가 공간지각능력을 촉진시키는지 저해시키는지는 평균치를 비교해서 해석하면 된다.
- t값이 +로 나올 수도 ㅡ로 나올 수도 있는데, 그 의미는 없고 평균치의 크기를 보고 해석하여야 한다.

ㅡ실제 보고서 기술

- 레고놀이 집단과 일반 장난감놀이 집단의 공간지각능력의 효과를 검증하기 위해 t검증을 실시하였다. 그 결과 레고놀이 집단의 공간지각능력점수(11.27)가 일반 장난감놀이 집단의 공간지각능력점수(8)보다 통계적으로 유의미하게 높게 나타났다[$t(28) = 2.87$, $p < .05$].

ㅡ이러한 t검증은 두 독립적인 집단의 평균치를 비교하는 데 실제 사용할 수 있는 가장 기본적인 검증 기법이다.

10.3. 상관집단 t 검증의 예시

- 우리는 지금까지 독립집단에 대한 평균차이 검증을 다루었다. 두 집단이 서로 다른 사람들로 구성이 되어 있기 때문에 집단의 점수는 독립적이다.

- 하지만 같은 사람들이 두 번 측정된 점수들이라면 두 집단의 점수들은 상관된다. 예를 들어, 한 사람에게 처치 전 측정한 점수와 처치 후에 측정한 점수를 비교할 수도 있다.

- 이러한 경우 앞서 다루었던 독립집단에 근거한 자유도와 $s_{\bar{x}_1 - \bar{x}_2}$를 추정하는 방법이 다르다.

- 상관집단이란 두 측정이 서로 관련되어 있어서 독립적이지 못한 것을 말한다.

- 예를 들면 반복된 측정이나 matching(짝지우기) 같은 경우이다.

- 붉은빛과 푸른빛에 대한 반응시간이 어떻게 다른지를 알아보기 위해 10명의 피험자들에게 붉은빛에 대한 반응시간을 측정하고 푸른빛에 대한 반응시간도 측정하였다면 이는 반복 측정된 예이다.

[표 10.2] 두 가지 불빛에 대한 10명의 반응시간

피험자	A	B	C	D	E	F	G	H	I	J	평균
붉은빛	450	500	420	580	600	480	490	500	550	620	519.0
푸른빛	460	560	430	600	590	470	490	530	600	630	536.0

- 위의 표에서 수치는 ms 단위이고 전반적으로 붉은빛에 대한 반응시간이 푸른빛에 대한 반응시간보다 빨랐다(519<536).

- 표를 살펴보면 C는 반응속도가 빠르고 J는 반응속도가 느리다. C는 푸른빛에 대해서 반응하는 것이(430) J가 붉은빛에 반응하는 것(620)보다도 빠르다. 즉, 개인의 반응속도의 효과가 붉은빛 조건과 푸른빛 조건에 모두 반영되어 있으므로 두 측정치는 독립적이지 못하고 상관되어 있다.

– 또 matching(짝지우기)이란 실험통제의 한 가지 기법인데, 실험 시작 전에 두 집단 간의 동등함을 확신하고자 할 때 특정한 측면에서 피험자를 짝지어서 각기 다른 집단에 배정하는 것을 말한다.

– 예를 들어, 앞의 레고 집단과 완성장난감 집단의 예에서 30명을 무선적으로 두 집단으로 나누었다. 그런데 공간지각능력에 지능이 매우 중요하다고 가정해 보자. 비록 15명씩 무선적으로 나누었지만 추후에 각 집단의 IQ를 계산해 보았더니 레고 집단이 145이고 완성장난감 집단이 104이었다고 생각해 보자. 그렇다면 +3.2개의 차이가 레고효과 때문인지 지능효과 때문인지 모호해진다.

– 따라서 연구자는 공간지각능력과 관련해 독립변인(레고 여부)을 제외한 지능의 측면을 동등하게 맞추려고 했을 것이다.

– 그러면 지능이 110인 사람 둘을 짝짓고 또 지능이 78인 사람 둘을 짝짓고 하는 식으로 지능이 비슷한 사람끼리 짝지어 15쌍을 만든 후 각기 다른 집단(레고 집단과 완성장난감 집단)에 배정하여 한 집단에게는 레고를 주고 다른 집단에게는 완성장난감을 주어 두 집단 간의 차이를 얻는다면, 그 차이는 지능 때문이 아니라 레고 때문임을 확신할 수 있을 것이다.

– matching의 또 다른 예는 형제를 동시에 연구하는 경우이다. 형이 I 집단의 피험자로 선정되면 동생은 자동적으로 II 집단에 배정되는 식의 연구 설계이다.

– 이런 경우(반복 측정, matching)에는 두 측정치가 독립적이지 못하므로 상관집단(조건)이 된다.

– 상관집단의 평균치의 차이검증은 독립집단의 차이검증과 다른데, 그 자유도가 $(n쌍-1)$로 줄어든다.

• 독립집단의 자유도: $(n_1-1)+(n_2-1)$ ⇒ 즉, 두 집단의 자유도를 더한다.

- 상관집단의 자유도: $(n쌍-1)$ ⇒ 독립집단에 비해 자유도가 거의 절반으로 줄어든다.

—상관집단의 $t_{관}$ 공식은

$$t_{관} = \frac{\overline{D}}{s_{D/N}} \text{인데 } (df = n쌍-1)$$

—앞의 붉은빛, 푸른빛에 대한 반응시간 자료를 검토해 보자.

[표 10.3] 상관집단의 평균치들 간의 차이검증

피험자	붉은빛(X_1)	푸른빛(X_2)	$X_1-X_2=D_i$	D_r^2
A	450	460	-10	100
B	500	560	-60	3600
C	420	430	-10	100
D	580	600	-20	400
E	600	590	10	100
F	480	470	10	100
G	490	490	0	0
H	500	530	-30	900
I	550	600	-50	2500
J	620	630	-10	100
	$\sum X_1 = 5190$	$\sum X_2 = 5360$	$\sum D_i = -170$	$\sum D_i^2 = 7900$
	$\overline{X_1} = 519$	$\overline{X_2} = 536$	$\overline{D} = -17$	

—통계적 가설
- H_0: $\mu_1 = \mu_2$ (μ_1: 붉은빛, μ_2: 푸른빛)
- H_1: $\mu_1 \neq \mu_2$

—가정과 조건
- 피험자들은 무선적, 독립적으로 표집됨.
- 두 집단의 점수들은 상관됨.
- $D_i(X_1 - X_2)$의 전집분포는 정상분포임.

- 유의도 수준
  - .05 수준 채택된다.

- 검증방향과 임계치
  - 양방검증
  - $\alpha = .05$, $df = 9\,(n쌍 - 1)$에서 $t_임 = 2.262$

- 결정규칙
  - 만일 $-2.262 < t < +2.262$이면, H_0을 기각하지 않는다.
  - 만일 $t < = -2.262$ 또는 $t > = +2.262$이면, H_0을 기각한다.

- 계산

$$t_관 = \frac{\overline{D}}{s_{D/N}} = \frac{\sum D_i}{\sqrt{\dfrac{N\sum D_i^2 - (\sum D_i)^2}{N-1}}}$$

$$= \frac{-170}{\sqrt{\dfrac{10 \times 7900 - (-170)^2}{10-1}}} = \frac{-170}{\sqrt{\dfrac{79000 - 28900}{9}}}$$

$$= \frac{-170}{74.6} = -2.28$$

- 해석
  - $t_관$가 $t_임$보다 크므로 H_0를 기각하고 두 자극에 대한 반응시간에 차이가 있다고 결론짓는다. 그런데 평균치를 살펴보면 붉은빛에 대한 반응시간의 평균(519ms)이 푸른빛(536ms)보다 짧기 때문에 붉은빛에 대한 반응이 빠르다고 결론짓는다.

- 실제 보고서 기술
  - 붉은빛과 푸른빛에 대한 반응시간의 차이가 있는지를 검증하기 위해 t 검증을 실시하였다. 그 결과 붉은빛에 대한 반응시간(519ms)이 푸른빛에 대한 반응시간(536ms)보다 통계적으로 유의미하게 빠르게 나타났다 $[t(9) = -2.28,\ p < .05]$.

－이번 장에서 다룬 두 검증 방법은 실제 연구에서 많이 쓰이는 검증 방법이다.

－여러분들은 이러한 t검증을 컴퓨터의 도움 없이 직접 계산을 할 줄 하는 몇 안 되는 사람이 된 것이다(70억 인류 중에 t검증을 직접 계산할 줄 아는 사람이 몇 명이나 되겠는가? 앞으로 더 희귀하고 소중한 사람이 되어 보자).

연습문제

문제

① 상관집단이란 어떤 집단을 말하는가?

② matching이란 어떻게 하는 것인가?

③ 성장 시 부모가 모두 살아 있는 가정에서 자란 아동과 편부모 밑에서 자란 아동들 간에 불안에서 차이가 있는지를 알아보고자 하였다. 정상 가정 아동($n_1 = 20$)과 편부모 가정 아동($n_2 = 18$)을 대상으로 불안검사를 하여 다음 결과를 얻었다.

 –정상 가정 아동 $n_1 = 20$, $\overline{X_1} = 35$, $s_1^2 = 18$

 –편부모 가정 아동 $n_2 = 18$, $\overline{X_2} = 40$, $s_2^2 = 20$

 결과를 분석하고 해석해 보라.

④ 어떤 연구자는 스트레스가 위궤양에 미치는 효과를 보기 위해 10쌍의 원숭이를 대상으로 연구하였다. Ⅰ집단의 집행 원숭이는 일정한 시간 간격으로 버튼을 눌러야 전기 쇼크를 피할 수 있었고, 버튼 누르기에 실패하면 전기 쇼크를 받도록 되어 있었다. Ⅱ집단의 연계 원숭이에게는 쇼크를 피하기 위한 버튼은 주어지지 않았고, Ⅰ집단의 원숭이와 연계되어 있어서 Ⅰ집단의 원숭이와 똑같은 시간에 똑같은 양의 전기 쇼크

를 받도록 되어 있었다. 즉, Ⅰ집단의 원숭이가 잘하면 함께 쇼크를 안 받을 수 있었고, Ⅰ집단 원숭이가 잘못하면 함께 전기 쇼크를 받게 되어 있었다. 일정 기간 동안 그런 경험을 시킨 후에 위장에 생긴 궤양의 정도를 측정하여 다음 결과를 얻었다. 결과를 분석하고 해석해 보라. (수치는 위궤양의 크기임, 단위는 ㎜)

원숭이쌍	Ⅰ집단	Ⅱ집단
1	50	45
2	40	30
3	20	15
4	35	38
5	25	10
6	10	15
7	45	35
8	38	32
9	24	20
10	46	48

상관계수에
관한 검증

상관의 유의미하다는 의미가 무엇인지 이해한다. 또한 독립적인 참여자들에게서 관찰된 두 개의 r이 서로 유의미하게 다르다는 것이 어떤 의미인지 이해한다.

11.1. r의 의의도 검증

- 이번에는 상관계수(r)의 유의도 검증을 공부해 보자.

- 앞에서 상관계수의 의미는 설명되었으나 상관계수가 얼마나 커야 믿을 만한(유의미한) 상관인지를 결정하는 것이 유의도 검증이다.

- 예를 들어, 25명 학생들의 수학점수와 과학점수 사이에 .45의 상관이 있었다면, 이 상관계수는 믿을 만한(유의한) 것인가?

- 상관계수의 유의도 검증은 원칙적으로 t검증으로 할 수 있다.

- .40이란 상관은 ① 실제로 관계성이 존재하기 때문에
　　　　　　　　　② 표집오차 때문에 우연히

　나온 것일 수 있다.

- 일단 관계성이 없다고($H_0 : \rho = 0$) 가정해 보자.

- 여기서 ρ(로)는 r의 모수치이다. 그리고 영가설은 모수치로 언급됨을 기억하라.

- 그렇다면 관찰된 $r = .45$란 상관계수는 표집오차 때문에 우연히 생긴 것이다.

- 우연히 표집오차에 의해 $r = .45$란 상관을 얻을 확률을 $n = 25$인 r의 표집분포에서 계산해 보자.

- r의 표집분포에서의 표준편차는 s_r로 표시한다.

- 비록 우리가 $n = 25$인 하나의 표본에서 $r = .45$을 얻었지만, 수학과 과학 간에 상관이 없다는 H_0하에서 $n = 25$인 표본을 무한히 뽑아 r들을 계산해 본다면, 아마 그 r들은 0을 중심으로 분포하며 +상관이 나올 수도 - 상관이 나올 수도 있을 것이다.

- 그런데 r은 $-1 \sim 0 \sim +1$ 사이의 값만을 취할 수 있다.

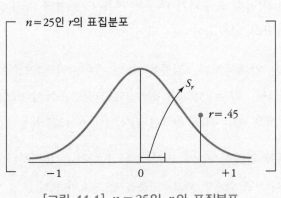

[그림 11.1] $n = 25$인 r의 표집분포

- $t_{관}$을 계산하는 공식은 $t_{관} = \dfrac{r - \rho}{s_r}$이다.

- 그런데 H_0하에서는 $\rho = 0$이므로 결국 $t_{관} = \dfrac{r}{s_r}$이 된다.

$$t_{관} = \frac{r}{s_r} = \frac{r}{\sqrt{\dfrac{1 - r^2}{n - 2}}} = \frac{r}{\dfrac{\sqrt{1 - r^2}}{\sqrt{n - 2}}} = \frac{r\sqrt{n - 2}}{\sqrt{1 - r^2}} \quad (df : n - 2)$$

- r의 자유도가 $n - 2$인 이유는 회귀나 상관에서 직선을 결정하기 위해서는 두 점이 필요하기 때문이다.

- 이 공식에 따라 $t_{관찰치}$를 계산해 보면

$$t_{관} = \frac{0.45\sqrt{25-2}}{\sqrt{1-0.45^2}} = \frac{0.45\sqrt{23}}{\sqrt{.7975}} = \frac{0.45 \times 4.8}{0.89} = \frac{2.16}{0.89} = 2.43 \text{이다.}$$

- $\alpha = .05$, 양방검증, $df = 23$에서 $t_{임} = 2.069$이다.

- $t_{임}(2.069)$보다 $t_{관}(2.43)$가 더 크므로 H_0(상관이 없다: $\rho = 0$)를 기각하고 유의미한 상관이 있다고 결론지으면 된다.

- 앞의 $t_{관찰치}$를 계산하는 공식을 잘 보면 r과 n(자유도)만 있으면 되고, 이러한 계산이 빈번히 요구되기 때문에 부록 C에 여러 가지 df에 따른 r의 임계치들이 미리 계산되어 제시되어 있다.

- 원칙적으로는 앞에서처럼 t검증을 하는 것이지만 앞으로는 부록의 표만 찾으면 된다. 즉, $df = 23$일 때 $\alpha = .05$, 양방검증에서 ($df = 23$이 표에 없으면 그보다 작은 $df = 20$을 찾으면 된다) $r_{임} = .4227$임을 알 수 있다.

- 그런데 우리가 관찰한 $r_{관} = .45$이므로 이 상관은 유의하다고 결론짓는다. (즉, 부록 C의 표만 읽으면 되고 t검증을 할 필요가 없다.)

11.2. 두 r의 차이검증

- 두 상관계수의 차이도 유의도 검증을 할 수가 있다.

- 예를 들어, 남학생들의 경우는($n = 27$) 수학과 과학 간의 상관이 $r_1 = .45$였고 여학생들의 경우는($n = 22$) 수학과 과학 간의 상관이 $r_2 = .30$이었다고 가정해 보자.

  - ♂ ($n = 27$) $r = .45$ *   *: $p < 0.5$
  - ♀ ($n = 22$) $r = .30$ $n.s.$ $n.s.$: not significant

- 우선 남학생들의 상관이 유의한지를 확인하기 위해 부록의 표를 찾아보면

$\alpha = .05$, 양방검증, $df = 25$에서 $t_{\text{임}} = .3809$이다. r의 관찰치가 .45로 r의 임계치보다 크기 때문에 남학생들의 상관은 통계적으로 유의한 것이다.

– 또 여학생들의 상관은 $\alpha = .05$, 양방검증, $df = 20$에서 $t_{\text{임}} = .4227$인데 r의 관찰치가 .30으로 임계치보다 작기 때문에 통계적으로 유의한 상관은 아니다.

– 이를 단순하게 이분법적으로 말하면, 남학생의 경우는 수학과 과학점수 간에 상관이 있고 여학생의 경우는 상관이 없다고 할 수 있다.

– 정확히 언급하면, 남학생들의 상관은 통계적으로 유의하였으나 여학생들의 상관은 통계적으로 유의하지 않았다.

– 그러면 남학생과 여학생의 상관계수 간에는 통계적으로 유의한 차이가 있는가?

– 남녀 간의 상관은 차이가 없다는 것이 영가설(H_0)이다.

$H_0 : \rho_1 = \rho_2$ (ρ_1: 남자의 전집상관, ρ_2: 여자의 전집상관)

– H_0하에서 남녀 간에 차이가 없기 때문에$(\rho_1 = \rho_2)$ 남자$(n = 27)$와 여자 $(n = 22)$를 무수히 추출하여 상관계수를 계산하고 그 차이를 내어 본다면 $(r_1 - r_2$의 표집분포), 그 차이는 0을 중심으로 분포할 것이다.

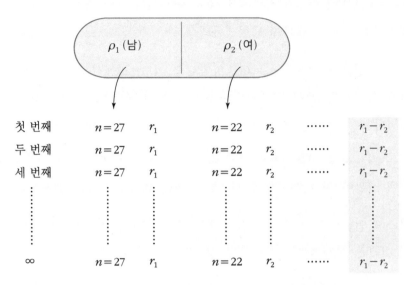

[그림 11.2] 두 상관계수의 차이 $r_1 - r_2$의 표집분포 도해

− 그런데 상관계수 r은 −1에서 +1 사이의 값을 취하기 때문에 $\rho_1 = \rho_2 = 0$
으로 같다면 그 차이의 표집분포는 정상분포를 가정할 수 있지만, $\rho_1 = \rho_2 = .8$로 같다면 모집단의 분포가 정상분포임을 가정할 수 없고, 그 차이
의 표집분포도 정상분포를 가정하기 어렵다.

− 그래서 $r \rightarrow z_r$로 바꾸어서 정상분포에 근접시킨 후 차이검증(z검증)을
한다. r은 −1~+1까지의 값을 취하지만 z_r로 변형시키면 z_r은 −3~+3
사이의 값을 갖게 되는데, 그 변환값은 부록 D에 제시되어 있다.

− 즉, • $\rho = 0$일 때 r과 z_r의 분포는 다음과 같다.

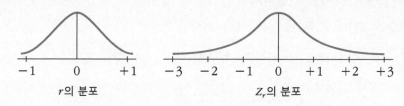

[그림 11.3] $\rho = 0$일 때의 r과 z_r의 표집분포

• $\rho = .8$일 때의 경우는 다음과 같다.

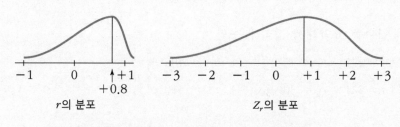

[그림 11.4] $\rho = .8$일 때의 r과 z_r의 표집분포

– 그림에서 보듯이 $\rho = .8$의 경우 r의 분포는 심하게 편포되나 r을 z_r로 바꾸면(끝을 잡아늘려 범위를 넓히면) 정상분포에 상당히 근접하게 된다.

– 그런 후에 두 상관계수($r_1 \rightarrow z_{r1}$, $r_2 \rightarrow z_{r2}$) 간의 차이검증을 한다. $\rho = 0$임을 가정할수 없다면 항상 z_r로 바꾸어 검증한다.

– $z_{관} = \dfrac{z_{r1} - z_{r2}}{\sqrt{\dfrac{1}{n_1 - 3} + \dfrac{1}{n_2 - 3}}}$ 이 차이검증의 공식이다.

– 여기서 유의할 것은 z검증을 하기 때문에 가능하면 n이 커야 한다(앞에서는 30 이상이라고 언급했으나 남자든 여자든 최소한 20 이상은 되어야 이 검증을 할 수 있는 것이다).

- 앞의 예로 돌아가서 살펴보면

$$♂(n = 27) \quad r_1 = .45 \quad \Rightarrow \quad z_{r1} = .485$$

$$♀(n = 22) \quad r_2 = .30 \quad \Rightarrow \quad z_{r2} = .310$$

$$z_{관} = \frac{.485 - .310}{\sqrt{\dfrac{1}{24} + \dfrac{1}{19}}} = \frac{0.175}{0.307} = 0.57$$

- $z_{관찰치}$가 0.57로 $α = .05$, 양방검증에서의 $z_임 = 1.96$보다 작기 때문에 영 가설을 기각하지 못하고, 남학생의 상관(.45)과 여학생의 상관(.30) 간에 는 통계적으로 유의한 차이가 없다고 결론짓는다.

- 이 결과를 요약해서 정리해 보면

$$♂(n = 27) \quad r_1 = .45 \quad * \quad \Rightarrow \quad z_{r1} = .485 \;\Big]$$
$$♀(n = 22) \quad r_2 = .30 \quad n.s. \quad \Rightarrow \quad z_{r2} = .310 \;\Big]\; n.s.$$

- 여기서 *는 통계적으로 유의하다는 의미이고 $n.s.$는 유의하지 못하다는 의미이다.

- 말로 정리해 보면 남자는 수학과 과학점수 간의 상관이 유의하고 여자는 상관이 유의하지 않으며, 남녀는 다르지 않다는 말이 된다.

- 아마 논리적 모순을 느낄 것이며 심히 당혹감을 느낄 것이다.

- 이는 이분법적 결정을 내리는 데서 생겨나는 문제이다.

- 이분법적 결정이란 H_0를 기각하느냐 기각하지 않느냐에 따라 유의하다 (*), 유의하지 않다($n.s.$)고 말하는 것이다.

- 여기서는 z검증을 하는 것보다 실제로 결과를 해석할 수 있는 능력(통계 적 검증의 논리를 감안해서)을 기르는 것이 더 중요하다.

- 이를 위해 더 극단적인 예를 들어 설명해 보자.

$\male\, (n = 32)$ $r_1 = .35$ *

$\female\, (n = 32)$ $r_2 = .34$ *n.s.* $\Big]\; n.s.$

– 남자(32명)의 수학과 과학점수 간의 상관은 .35로 $\alpha = .05$, 양방검증, $df = 30$에서 r의 임계치인 .3494보다 크기 때문에 통계적으로 유의한 상관이다.

– 여자(32명)의 경우는 그 상관이 .34로 임계치인 .3494보다 작으므로 여자의 상관은 통계적으로 유의하지 않다.

– 이를 그림으로 그려 보면 다음과 같다.

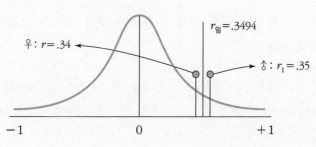

[그림 11.5] 남자와 여자의 상관계수와 임계치

– 그림에서 $\male$의 경우 $\alpha = .05$에서의 임계치를 겨우 넘어 통계적으로 유의했으며(*), $\female$의 경우는 임계치에 아주 약간 못미쳐서 통계적으로 유의하지 않았다(*n.s.*).

– 그런데도 우리는 영가설을 기각하거나 기각하지 않는 이분법적 결정을 하기 때문에 $\male$는 *을 붙이고 $\female$는 *n.s.*라고 말한다.

– 이는 마치 입시에서 커트라인 위에서는 합격이고 밑에서는 불합격되는 것과 유사하다(사실상 실력에 아무런 차이가 없는데에도).

– 그리고 $\alpha = .05$에서 검증해서 이런 결과가 나왔지 $\alpha = .01$에서 검증한다

면 둘 모두 통계적으로 유의한 상관이 아니고 둘 간에 차이도 없다. [남자나 여자나 상관이 유의하지 않고, 차이가 없다.]

– 또 $\alpha = .07$에서 검증한다면 둘 모두 유의한 상관이고 둘 간에 차이도 없다. [남자도 여자도 모두 유의한 상관이 있고 남녀 간 차이가 없다.]

– 위의 결과를 해석할 때에는 다음과 같이 해석하는 것이 좋을 것이다. 남자의 상관은 .35, 여자의 상관은 .34로 모두 뚜렷한 관계성이 존재하는 듯하고 남녀 간에 차이가 없는 듯하다. 그러나 남자의 경우는 통계적으로 유의한 상관이었으며, 여자의 경우는 통계적으로 유의하지는 못했다. 즉, 여자의 경우도 관계성이 존재하는 경향성은 뚜렷하였으나 통계적으로 유의하지 못했을 뿐이다.

– 이렇듯 *, *n.s.*가 통계에서 그렇게 중요한 것이 아니라 그것을 해석하는 능력이 중요하다.

– 지금까지 평균치의 차이검증과 상관계수 및 그 차이검증을 살펴보았는데, 평균치 연구와 상관 연구가 서로 다른 정보를 제공할 수 있다. 연구자의 사려 깊은 해석이 필요할 수 있다.

– 예를 들어, 인간의 지능에 유전이 중요한가 아니면 환경이 중요한가 하는 것은 매우 오래된 논쟁거리이다.

– 생모 – 아이 – 양모의 지능을 측정하였다고 가정해 보자. [생모 – 아이 / 아이 – 양모] 간의 지능의 상관을 계산해 보았더니, 생모 – 아이의 상관이(예: $r_1 = .80$) 아이 – 양모의 상관($r_2 = .15$)보다 높아서 유전이 지능의 중요한 결정요인이라고 말할 수 있겠다. 그러나 [생모 – 아이 / 아이 – 양모]의 지능의 평균치를 비교했더니 아이의 지능은 생모보다 양모와 유사하였다 (예: 생모 – 아이 – 양모의 지능 평균; $80 – 105 – 107$). 그렇다면 비슷한 환경에서 자라 양모와 더 비슷해졌다고, 즉 환경이 중요한 요인이라고 말할 수 있겠다.

─이런 결과를 얻었다면 여러분은 어떻게 해석할 것인가?

─이렇듯 상관 연구와 평균치 연구는 서로 다른 측면의 정보를 제공해 줄
  수 있는 것이다.

연습문제

🏹 11장. 상관계수에 관한 검증

문제

① 수학 점수와 과학 점수의 상관이 남학생과 여학생에게서 다음과 같았다.

　－남학생($n_1 = 27$),　$r_1 = .40$

　－여학생($n_2 = 22$),　$r_2 = .35$

　결과를 분석하고 해석해 보라.

일원변량분석

앞에서 공부한 z나 t검증은 두 집단의 평균치만을 비교할 수 있을 뿐이다. 한 변인의 수준이 여러 개일 경우는 얻어지는 평균치도 여러 개인데, F검증에서는 이 여러 개의 평균치를 한꺼번에 전반적으로 비교할 수 있다. 일원변량분석은 집단 간 변량과 집단 내 변량의 비를 구하는 것이기 때문에 집단 간 변량과 집단 내 변량의 의미를 이해하는 것이 무엇보다 중요하다. 집단 간 변량은 집단 간 편차에서 계산되고, 집단 내 변량은 집단 내 편차에서 계산되는데, 전체 편차가 집단 내 편차로 나뉘는 것을 그림을 통해 확인하고 그 편차에서 변량이 계산되는 과정을 이해해야 한다. 일원변량분석 결과는 여러 개의 평균치를 한꺼번에 비교한 것이므로 만일 F값이 유의하였다면, 각 집단의 평균치를 보면서 해석해야 하는 능력도 키워야 한다.

- 앞서 공부한 t검증은 두 집단의 평균치들 간의 차이를 검증하는 것이었다.

- 그러나 어떤 연구에서는 3개 이상의 평균을 동시에 비교할 경우가 생길 수 있다.

- 예를 들어, 카페인의 투여량에 따른 단어 기억의 영향을 알아보는 연구를 생각해 보자.

- 카페인 투여를 0mg, 20mg, 50mg으로 달리했을 때, 무의미 철자 자극에 대한 회상이 어떻게 달라지는지를 알아보고자 한다.

- 이때 독립변인은 카페인 투여량이고 수준은 3개 수준이다.

- 각 정서가에 따른 회상 개수는 종속 측정치이다.

투여량	0mg	20mg	50mg
회상평균개수	9.0	13.0	7

- 카페인의 투여량에 따라 기억이 달라지는 것처럼 보인다. 하지만 관찰된 평균치들 간의 차이는 표집오차 때문이고 실질적 차이는 없을 수도 있다.

- 영가설은 전집 평균치들 간에 차이가 없다는 것이다($H_0 : \mu_1 = \mu_2 = \mu_3$). 통계적 문제는 영가설이 참인 경우 이러한 결과가 나타날 확률을 결정하는 것이다.

- 우리가 앞서 배운 t검증을 이용한다면 0mg vs. 5mg / 20mg vs. 50mg / 0mg vs. 50mg의 각 평균치 쌍에 대해 차이가 있는지를 검증할 수 있다.

- 하지만 이러한 방법은 몇 가지 이유에서 적절하지 않다.

- 위의 경우 3개의 평균치를 얻게 되는데 두 평균치씩 비교하려면 여러번의 t검증을 해야 한다[$n(n-1)/2 = 3$번]. 실제로 수준의 수가 늘어날수록 그 수는 매우 급격하게 늘어나게 된다(3개는 3번, 4개는 6번, 7개는 21번...).

- 또한 앞서 공부했듯이 비교를 여러 번 하다 보면 잘못된 결론을 내릴 확률도 많아진다($\alpha = .05$ 수준에서 검증한다면, I종 오류 때문에 100번 비교하면 5번은 잘못된 결정을 내리는 것이다).

- 각각의 평균을 비교할 경우 부적 정서강도가 단어 기억에 어떤 영향을 주는지와 같은 대한 전반적인 답을 하기는 어렵다.

- 이러한 t검증의 한계를 넘어설 수 있는 것이 F검증(변량분석: Analysis of Variance, ANOVA)이다.

[표12.1] t검증과 F검증의 비교

t검증	F검증
두 집단 비교만 가능	여러 집단을 동시에 비교 가능
집단 수가 증가하면 계산량도 증가	한 번의 계산으로 가능
상대적으로 I종 오류 확률 증가	상대적으로 I종 오류 확률 감소
광범위한 물음에 답을 할 수 없음	가능함

- 일원변량분석은 집단 간 변량과 집단 내 변량을 비교하기 때문에 변량분석이라고도 하고 두 변량의 비를 $F_{비}$라고 하여 F분포를 활용하기 때문에 F검증이라고도 한다.

– 일원(one-way, 또는 one-factor, 또는 simple)변량분석(analysis of variance)은 한 독립변인의 수준이 여러 개라 하더라도 한 번의 계산으로 전체적인 답을 제공해 줄 수 있다.

– F검증은 [카페인 → 기억개수]의 예에서처럼 독립변인이 하나(수준은 몇 개라도 상관없다)일 때는 일원변량분석(One-way ANOVA)이라 하고 독립변인이 2개이면 이원, 3개이면 삼원 변량분석이라 한다.

– 우리는 이 책에서 일원변량분석과 이원변량분석만을 다룰 것이다.

12.1. 변량분석의 논리

– 변량분석의 목적은 여러 집단의 점수들의 평균치가 순전히 표집오차에 의해서만 서로 달라질 확률을 계산하는 것이다.

– 구체적인 예를 들어 설명해 보자.

– 대학생들에게 카페인을 투여한 뒤(0mg, 20mg, 50mg), 20개의 무의미 철자를 학습시킨 후 회상검사를 받았더니 다음과 같았다.

[표 12.2] 카페인 투여량에 따른 무의미 철자 회상량

투여량 / 회상량	0g	20g	50g	
	10	15	4	
	8	12	7	
	6	14	8	
	9	13	10	
	12	8	6	
	8	16		
	10			
	$n_1 = 7$	$n_2 = 6$	$n_3 = 5$	$n = 18$
	$\sum X_1 = 63$	$\sum X_2 = 78$	$\sum X_3 = 35$	$\sum X = 176$
	$\overline{X_1} = 9.0$	$\overline{X_2} = 13.0$	$\overline{X_3} = 7.0$	$\overline{X} = 9.8$

- 표의 결과를 대략적으로 살펴보면 카페인을 투여하지 않았을 때(0g) 평균 9개를 기억했고, 조금(20g) 투여했을 때는 13개로 증가했다가, 많이 투여 (50g)했더니 7개로 오히려 감소하는 경향이 있음을 볼 수 있다.

- 이런 세 평균치의 차이가 신뢰로운 차이인지를, 즉 통계적으로 유의한 차이인지를 검증하기 위해 일원변량분석을 할 수 있다.

- 일원변량분석은 집단 간 변량(간 변량, $MS_{간}$)을 집단 내 변량(내 변량, $MS_{내}$)으로 나누어 F값을 구하고, 그 $F_{관}$를 임계치인 $F_{임}$과 비교하는 것이므로 간 변량과 내 변량의 개념을 이해하는 것이 거의 전부라 할 수 있다.

- 집단 간 변량과 집단 내 변량의 개념을 설명하기 위해 앞에 제시된 표를 그림으로 표시해 보자.

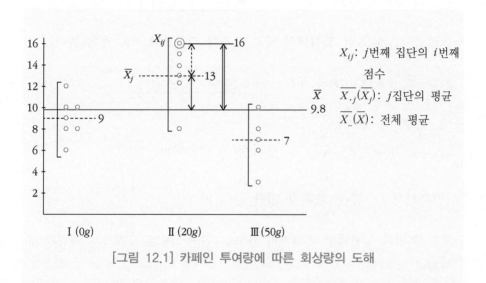

[그림 12.1] 카페인 투여량에 따른 회상량의 도해

- 또 점수표기는 일반식으로 X_{ij}로 표시하며 이는 j번째 집단의 i번째 점수를 의미한다.

- $\overline{X_{.j}}$는 j번째 집단의 평균을 의미하는데 i위치에 ·으로 표시한 것은 개인의 점수들이 모두 합해져서 사례수로 나누어 평균을 계산한 것이므로 개

인의 정보는 의미가 없다는 의미에서 그 흔적만 ·으로 남긴 것이다.

- $\overline{X..}$는 전체 평균치로 모든 집단의 각 개인 점수를 더해서 전체 사례수로 나눈 것이므로 개인이나 집단의 정보가 사라진 것이다.

- 예를 들어 II 집단의 6번째 점수(X_{62})는 16점(그림에서는 제일 위)이다.

- X_{62}의 16점은 전체 평균(9.8)에서 +6.2점 떨어져 있다.

$$(X_{ij} - \overline{X..}) = 16 - 9.8 = +6.2 \longrightarrow \text{전체 편차}(\updownarrow)$$

- 그런데 X_{62}는 II 집단에 속해 있는데 II 집단 평균치는 13이다. 자신의 집단 평균보다 +3점 위에 떨어져 있다.

$$(X_{ij} - \overline{X.j}) = 16 - 13 = +3 \longrightarrow \text{집단 내 편차}(\updownarrow)$$

- 그리고 X_{62}가 속한 II 집단의 평균은 전체 평균보다 +3.2점이 높다.

$$(\overline{X_{ij}} - \overline{X..}) = 13 - 9.8 = +3.2 \longrightarrow \text{집단 간 편차}(\updownarrow)$$

- 이 세 편차의 관계는

$$(X_{ij} - \overline{X..}) = (X_{ij} - \overline{X.j}) + (\overline{X.j} - \overline{X..}) \quad \text{가 된다.}$$
$$\Downarrow \qquad\qquad \Downarrow \qquad\qquad \Downarrow$$
$$\text{전체편차} \qquad \text{집단 내 편차} \quad \text{집단 간 편차}$$

- 이는 회귀와 상관에서 전체편차＝예언×편차＋예언○ 편차의 개념과 유사하다.

- X_{62}의 경우는

$$(16 - 9.8) = (16 - 13) + (13 - 9.8) \text{이 된다.}$$
$$\longleftrightarrow \qquad \longleftrightarrow \qquad \longleftrightarrow$$

- 즉, 전체 편차는 내 편차＋간 편차로 나타낼 수 있으며

$$\left[\begin{array}{l} \text{내 편차} \quad \rightarrow \text{내 자승화}(SS_\text{내}) \quad \rightarrow \text{내 변량}(MS_\text{내}) \\ \text{간 편차} \quad \rightarrow \text{간 자승화}(SS_\text{간}) \quad \rightarrow \text{간 변량}(MS_\text{간}) \\ \text{전체 편차} \rightarrow \text{전체 자승화}(SS_\text{전}) \end{array}\right] \text{이 계산된다.}$$

- 내 변량, 간 변량을 유도해 보자.

- 위의 세 편차의 관계는 모든 사람에게 적용되는 것이고 양변을 제곱해도 등호(=) 관계는 성립된다.

- 편의상 전체편차 ⇒ (전), 집단 내 편차 ⇒ (내), 집단 간 편차 ⇒ (간)으로 표시해서 양변을 제곱하여 모두 합쳐보자.

$$\sum_{j=1}^{p}\sum_{i=1}^{n}(\text{전})^2 = \sum\sum[(\text{내})+(\text{간})]^2$$
$$= \sum\sum(\text{내})^2 + \sum\sum(\text{간})^2 + 2\sum\sum(\text{내})\times(\text{간}) \text{이 된다.}$$

- n은 각 집단 내의 사례수이고 p는 집단의 수를 나타내는데 우리의 예에서 집단의 수는 3개, 즉 $p=3$이다.

- $\sum\sum(\text{전})^2 = \sum\sum(\text{내})^2 + \sum\sum(\text{간})^2 + 2\sum\sum(\text{내})\times(\text{간})$에서 맨 마지막에 있는 항은 제곱되지 않은 것으로 $\sum$하게 되면 0이 된다.

- 따라서 위의 식은 다음과 같이 간단히 된다.

$$\sum\sum(\text{전})^2 = \sum\sum(\text{내})^2 + \sum\sum(\text{간})^2$$
$$\sum\sum(X_{ij}-\overline{X..}) = \sum\sum(X_{ij}-\overline{X.j})^2 + \sum\sum(\overline{X.j}-\overline{X..})^2$$

- 편차의 제곱을 모두 합친 것을 자승화(sum of squares)라고 하는 것은 앞에서 공부하였다.

- 위의 수식은 $\underline{SS_\text{전} = SS_\text{내} + SS_\text{간}}$이 되는 것이다.

- 즉, 전체 자승화는 집단 내 자승화와 집단 간 자승화로 분할된다.

- 이 각각의 자승화(SS)들을 자신의 df로 나누면 변량이 된다.

$$\frac{SS_{전}}{df_{전}} = MS_{전} \longrightarrow$$ 이는 변량분석에서 필요치는 않다.

$$\frac{SS_{내}}{df_{내}} = MS_{내} \ \text{(집단 내 변량)}$$

$$\frac{SS_{간}}{df_{간}} = MS_{간} \ \text{(집단 간 변량)}$$

$$\left[\begin{array}{l} \text{집단 내 편차} \rightarrow \text{집단 내 자승화} \rightarrow \text{집단 내 변량} \\ \text{집단 간 편차} \rightarrow \text{집단 간 자승화} \rightarrow \text{집단 간 변량} \end{array}\right]$$ 이 되는 것을 주목하라.

- 여기서 자유도를 생각해 보자.

우선 집단 내 자유도($df_{내}$)는 각 집단의 내 자유도를 모두 더한 것이다.

- 즉
$$\left[\begin{array}{l} \text{1집단} \ (n_1 - 1) \\ \text{2집단} \ (n_2 - 1) \\ \text{3집단} \ (n_3 - 1) \end{array}\right]$$

을 모두 더하면 $n_1 + n_2 + n_3 - p$(집단 수) $= N - p = 15$이다.

$$df_{내} = N - p = 15$$

- 집단 간 자유도는 집단 수(p)에서 하나 뺀 것이다.

$$df_{간} = p - 1 = 2$$

- 전체 자유도는 전체 사례 수에서 하나 뺀 것이다.

$$df_{전} = N - 1$$

- 따라서 $\underline{df_{전} = df_{내} + df_{간}}$이 된다.

- 다시 앞의 그림으로 돌아가서 집단 내 변량과 집단 간 변량의 의미를 생각해 보자.

－우선 집단 내 변량의 의미부터 생각해 보자. (Ⅱ집단을 예로 들어보자.)

－Ⅱ집단의 6명은 똑같은 양의 카페인을 처치받았는데 왜 점수들이 8점～16점 (평균: 13점)까지 흩어져 있는가? $(X_{ij} - \overline{X}._{j})$ → 이는 알 수 없는 오차(개인 차)를 반영하는 것이다.

－그리고 Ⅱ집단의 평균치는 전체 평균치(9.8)보다 3.2$(\overline{X}._{j} - \overline{X}..)$ 높은 13 점이 되었을까? → 이는 카페인을 처치받은 효과일 수도 있고, 우연히 기 억력 좋은 사람들이 많이 포함되는 표집과정에서의 오차일 수도 있다.

－앞의 그림에서 각 집단의 모든 구성원들이 그 집단의 평균치 점수를 받았 다고 가정하면 그 그림은 다음과 같이 그릴 수 있다.

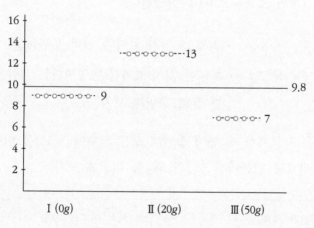

[그림 12.2] 앞의 그림 12.1에서 집단 내 편차를 제거한 그림

－이 그림에서는 모든 $X_{ij} = \overline{X}._{j}$와 동일하므로 집단 내 편차 $(X_{ij} - \overline{X}._{j})$는 0 이 되고 $(\overline{X}._{j} - \overline{X}..)$의 집단 간 편차만 존재한다.

－이 집단 간 편차는 왜 존재하는가?

• 약물 처치 효과

• 오차(우연히 그 집단에 기억력 좋은 사람이 많이 포함되었기 때문일 수 있다)

때문일 수 있다.

즉 ┌ 집단 내 편차 → 집단 내 자승화 → 집단 내 변량 ┐는
　　└ $(X_{ij} - \overline{X_{.j}})$ → $\sum\sum(X_{ij} - \overline{X_{.j}})^2$ → $\sum\sum(X_{ij} - \overline{X_{.j}})^2 / df_{내}$ ┘

순전히 오차를 반영하는 것이고,

┌ 집단 간 편차 → 집단 간 자승화 → 집단 간 변량 ┐
└ $(\overline{X_{.j}} - \overline{X_{..}})$ → $\sum\sum(\overline{X_{.j}} - \overline{X_{..}})^2$ → $\sum\sum(\overline{X_{.j}} - \overline{X_{..}})^2 / df_{간}$ ┘

은 오차＋처치 효과를 동시에 반영하고 있다.

－ $MS_{내}$ ⇒ 오차 반영

　　$MS_{간}$ ⇒ (처치 효과＋오차)를 반영한다.

－ $(X_{ij} - \overline{X_{.j}})$ → $SS_{내}$ → $MS_{내}$는 처치 효과와 전혀 무관하고

　　$(\overline{X_{.j}} - \overline{X_{..}})$ → $SS_{간}$ → $MS_{간}$은 처치 효과를 반영한다는 사실을 다음의 예
　　　　　　　　　　　　　　　　　　　　를 통해 확인해 보자.

－Ⓐ와 같은 자료에서 세 번째 집단의 모든 점수에 ＋5점을 더해 주어(처치
　　하여) Ⓑ자료를 만들어서 $SS_{내}$와 $SS_{간}$을 비교해 보자.

Ⓐ 처치 이전의 자료			Ⓑ 처치 이후의 자료		
I	II	III	I	II	III
3	7	3	3	7	8
4	6	6	4	6	11
7	3	3	7	3	8
6	5	4	6	5	9
2	4	5	2	4	10
$\sum X_1 = 22$ $\sum X_2 = 25$ $\sum X_3 = 21$ $\sum\sum X = 68$			$\sum X_1 = 22$ $\sum X_2 = 25$ $\sum X_3 = 46$ $\sum\sum X = 93$		
$\overline{X_1} = 4.4$ $\overline{X_2} = 5$ $\overline{X_3} = 4.2$ $\overline{X_{..}} = 4.53$			$\overline{X_1} = 4.4$ $\overline{X_2} = 5$ $\overline{X_3} = 9.2$ $\overline{X_{..}} = 6.2$		

$$SS_{내} = \sum_{j=1}^{p} \sum_{i=1}^{n} (X_{ij} - \overline{X._{j}})^2$$

$$+ (3-4.4)^2 + \cdots + (2-4.4)^2$$

$$+ (7-5)^2 + \cdots + (4-5)^2$$

$$+ (3-4.2)^2 + \cdots + (5-4.2)^2$$

$$= 17.2 + 10 + 6.8 = \underline{\ 34\ }$$

$MS_{내} = SS_{내}/df_{내} = 34/12 = 2.83$

$$SS_{내} = \sum_{j=1}^{p} \sum_{i=1}^{n} (X_{ij} - \overline{X._{j}})^2$$

$$+ (3-4.4)^2 + \cdots + (2-4.4)^2$$

$$+ (7-5)^2 + \cdots + (4-5)^2$$

$$+ (8-9.2)^2 + \cdots + (10-9.2)^2$$

$$= 17.2 + 10 + 6.8 = \underline{\ 34\ }$$

$MS_{내} = SS_{내}/df_{내} = 34/12 = 2.83$

- Ⓐ와 Ⓑ에서 $SS_{내}$가 동일함을 주목하라.

  즉, $SS_{내}$는 처치 효과를 전혀 반영하지 않는다.

$$SS_{간} = \sum_{j=1}^{p} \sum_{i=1}^{n} (\overline{X._{j}} - \overline{X..})^2$$

$$= \sum_{j=1}^{p} 5 \times (\overline{X._{j}} - \overline{X..})^2$$

$$= 5 \times (4.4-4.53)^2 + 5 \times (5-4.53)^2$$

$$+ 5 \times (4.2-4.53)^2 = 0.08 + 1.10 + 0.54$$

$$= \underline{\ 1.72\ }$$

$MS_{간} = SS_{간}/df_{간} = 1.72/2 = 0.86$

$$SS_{간} = \sum_{j=1}^{p} \sum_{i=1}^{n} (\overline{X._{j}} - \overline{X..})^2$$

$$= \sum_{j=1}^{p} 5 \times (\overline{X._{j}} - \overline{X..})^2$$

$$= 5 \times (4.4-6.2)^2 + 5 \times (5-6.2)^2$$

$$+ 5 \times (9.2-6.2)^2 = 16.2 + 7.2 + 45$$

$$= \underline{\ 68.4\ }$$

$MS_{간} = SS_{간}/df_{간} = 68.4/2 = 34.2$

- $SS_{간}$과 $MS_{간}$은 처치 효과를 반영하기 때문에 $SS_{간}$은 Ⓐ의 1.72에서 Ⓑ의 68.4로 매우 증가하였고, 따라서 $MS_{간}$도 증가하였음을 볼 수 있을 것이다.

- SS와 MS를 계산하는 것은 뒤의 예에서도 자세히 설명되어 있다.

- 변량분석의 마지막은 영가설하에서 두 변량의 추정치를 비교하는 것이다.

- 처치 효과가 없다는 영가설하에서 생각하면 $MS_{내}$와 $MS_{간}$은 모두 오차를 반영하고 동일한 모수치를 추정해야 한다.

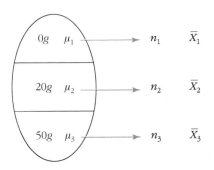

[그림 12.3] 세 집단의 모수치와 관찰된 평균치

- 영가설(H_0)하에서 처치 효과가 없다면 $\mu_1 = \mu_2 = \mu_3$는 μ로 같을 것이며, 대립가설(H_1)은 약효가 있다면 얼마나 있을지 모르지만 H_0가 아닐 것이다.

- 따라서 $\begin{bmatrix} H_0 : \mu_1 = \mu_2 = \mu_3 \\ H_1 : H_0 \text{가 아님} \end{bmatrix}$ 이다.

- 물론 영가설하에서 표본의 값들은 추정치이기 때문에 서로 똑같지는 않을 것이며, 표집오차 등으로 인해 달라질 것이다. 하지만 장기적으로 보면 같은 값을 지닌 것으로 기대할 수 있다.

$$F = \frac{MS_{간}(\text{간 변량})}{MS_{내}(\text{내 변량})}$$

- 처치효과가 없다면 동일한 오차를 반영하기 때문에 F값이 1.0 근처의 값이 나올 것으로 기대할 수 있다.

- 반대로 관찰된 F값이 커짐에 따라, F가 우연에 의해 나올 확률은 작아지게 된다.

- 특정한 크기의 표본들에서 순전히 표집오차에 의해 F값을 얻을 확률을 결정하기 위해 F분포의 백분위를 사용할 수 있다.

- $MS_{내}$와 $MS_{간}$의 비로 이루어진 이론적 분포를 F분포라 부른다(이러한 이론적 표집분포를 처음 기술한 Ronald Fisher의 이름을 따라 F분포라 부름).

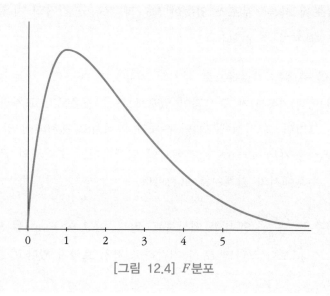

[그림 12.4] F분포

－위의 그림은 F분포의 한 예이다. F분포는 0보다 작을 수 없고 정적으로 편포되어 있으며, 정적 방향으로 무한히 퍼져 나가는 이론적 분포이다(변량의 비로 이루어진 분포).

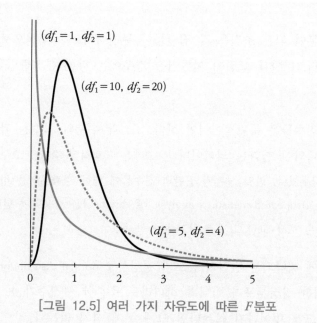

[그림 12.5] 여러 가지 자유도에 따른 F분포

- 각 자유도에 따른 t분포가 있듯이 $MS_\text{간}$과 $MS_\text{내}$의 각각의 자유도에 따른 수많은 F분포가 존재한다.

- 부록 E의 표에는 가로쪽으로 분자의 자유도(간 자유도), 세로쪽으로 분모의 자유도(내 자유도)가 표시되어 있으므로 두 자유도가 교차하는 지점을 찾는다. 그러면 그 지점에 2개의 수치가 임계치로 제시되어 있는데, 명조체의 작은 글자는 $\alpha = 0.5$ 수준에서의 임계치이고 고딕체의 굵은 글자는 $\alpha = .01$ 수준에서의 임계치를 표시한다.

- 즉, F검증은 $\dfrac{\text{간변량}}{\text{내변량}}$의 비를 계산하는 것($F_\text{관}$)이고 이 $F_\text{관찰치}$를 $F_\text{임계치}$와 비교하여 $F_\text{임계치}$보다 크다면 H_0를 기각하고 처치 효과가 있다고 결론짓는다.

12.2. 일원변량분석의 가정과 조건

- t검증에서 요구된 가정들과 동일하며 단지 차이는 여러 집단에 적용된다는 점이다.

- 가장 기본이 되는 조건은 각 집단들이 무선적이고 독립적으로 표집이 되어야 한다. 비확률 표집이 이루어진 경우에는 다른 분석방법을 사용해야 한다.

- 집단의 점수들은 독립적이어야 한다. 즉, 각 수준의 점수는 각기 다른 집단에서 나와야 한다는 의미이다(본 교재는 독립적인 집단을 요구하는 변량분석만을 다루었다. 만일 상관된 집단의 점수들에 대한 변량분석을 하려면 반복측정변량분석(repeated measures analysis of variance)을 사용해야 한다. 반복측정변량분석은 보다 고급 고재를 참고해야 한다).

- 각 표본에 해당되는 전집의 분포가 정상분포(normal distribution)이어야 한다. 완벽한 정상분포가 아니라 하더라도 충분한 사례수가 표집되고 정상성에서 크게 벗어나지 않는다면 크게 문제 삼지 않는다.

- 각 집단에 해당되는 전집들의 변량이 같아야 한다. 만일 변량의 동질성이 없다면 $MS_{\text{내}}$는 각 집단 내의 변산을 대표하지 못한다. 사례수가 충분하고, 각 집단의 수가 동일하다면 니 역시 크게 문제 삼지 않는다.

12.3. 일원변량분석의 예시

- 그러면 개념적 이해를 위해 앞의 자료를 지금까지 공부한 정의공식에 따라 F검증을 해보자(실제로는 뒤에 공부할 계산공식으로 하는 것이 훨씬 편하다).
- 연구문제
  • 카페인 투여량에 따라 기억에 차이를 일으킬 수 있는지의 여부를 검증하시오.

카페인 투여량	I (0g)	II (20g)	III (50g)	
	10	15	4	
	8	12	7	
	6	14	8	
회상량	9	13	10	
	12	8	6	
	8	16		
	10			
	$n_1 = 7$	$n_2 = 6$	$n_3 = 5$	$N = 18$
	$\overline{X_1} = 9$	$\overline{X_2} = 13$	$\overline{X_3} = 7$	$\overline{X} = 9.8$

- 가설
  • $H_0 : \mu_1 = \mu_2 = \mu_3$
  • $H_1 : H_0$가 아님

- 가정과 조건
  • 각 집단의 참여자들은 무선적이고 독립적으로 표집됨
  • 집단들은 독립적임

- 각 집단에 대한 전집 변량은 동질적임
- 전집의 점수 분포는 정상분포를 이룸

－자유도와 결정 규칙(표 B에서)

- $df_{내} = (n_1 - 1) + (n_2 - 1) + (n_3 - 1) = N - p = 15$이다.
- $df_{간} = 집단수(p) - 1 = 2$이다.
- $df_{전} = N - 1 = 17$이다.

－$\alpha = .05$에서 F의 임계치: 3.68

- 만약 $F_{관찰치} < 3.68$이면, H_0를 기각하지 않음
- 만약 $F_{관찰치} \geq 3.68$이면, H_0를 기각함

－$\alpha = .01$에서 F의 임계치: 6.36

- 만약 $F_{관찰치} < 6.36$이면, H_0를 기각하지 않음
- 만약 $F_{관찰치} \geq 6.36$이면, H_0를 기각함

－계산

$$SS_{내} = \sum_{j=1}^{p} \sum_{i=1}^{n} (X_{ij} - \overline{X._{j}})^2 \Rightarrow 각 집단에서의 \sum_{i=1}^{n} (X_{ij} - \overline{X._{j}})^2 을 세 집단 모두 합하면 된다.$$

Ⅰ집단: $(10 - 9)^2 + (8 - 9)^2 + (6 - 9)^2 + \cdots + (8 - 9)^2 + (10 - 9)^2 = 22$

$$\Leftarrow \sum_{i=1}^{n} (X_{i1} - \overline{X._{1}})^2$$

Ⅱ집단: $(15 - 13)^2 + (12 - 13)^2 + (14 - 13)^2 + \cdots + (8 - 13)^2 + (16 - 13)^2 = 40$

$$\Leftarrow \sum_{i=1}^{n} (X_{i2} - \overline{X._{2}})^2$$

Ⅲ집단: $(4 - 7)^2 + (7 - 7)^2 + (8 - 7)^2 + (10 - 7)^2 + (6 - 7)^2 = 20$

$$\Leftarrow \sum_{i=1}^{n} (X_{i3} - \overline{X._{3}})^2$$

세 집단의 내 자승화를 모두 합치면, $SS_{내} = \sum_{j=1}^{3} \sum_{i=1}^{n} (X_{ij} - \overline{X._{j}})^2 = 82$가 된다.

$SS_{간} = \sum_{j=1}^{p} \sum_{i=1}^{n} (\overline{X._{j}} - \overline{X..})^2$인데 앞의 〈집단 내 편차를 제거한 그림〉에서 각 집단 내의

모든 사람이 그 집단의 평균점을 받은 것으로 가정하기 때문에 $\sum_{j=1}^{p} n_j (\overline{X._j} - \overline{X..})^2$이 된다. 즉 Ⅰ집단의 7명이 모두 9점, Ⅱ집단의 6명이 모두 13점, Ⅲ집단의 5명이 모두 7점을 받은 것으로 생각한다.

$$-\sum_{j=1}^{p} n_j (\overline{X._j} - \overline{X..})^2 = 7 \times (9 - 9.8)^2 + 6 \times (13 - 9.8)^2 + 5 \times (7 - 9.8)^2$$

$$= 4.48 + 61.44 + 39.2 = 105.12$$

이다.

(전체 평균치는 176/18=9.8로 했으나, 반올림 오차 때문에 정확하지가 않으니 이 수치도 정확치는 않다. 그래서 나중에 배울 계산공식으로 하는 것이 편리하다.)

$-$참고로 전체 자승화 $SS_{전} = \sum_{j=1}^{p} \sum_{i=1}^{n} (X_{ij} - \overline{X..})^2$인데,

$$SS_{전} = \underbrace{(10 - 9.8)^2 + \cdots + (10 - 9.8)^2}_{Ⅰ집단} + \underbrace{(15 - 9.8)^2 + \cdots + (16 - 9.8)^2}_{Ⅱ집단} + \underbrace{(4 - 9.8)^2 + \cdots + (6 - 9.8)^2}_{Ⅲ집단}$$

$$= 26.48 + 101.44 + 59.2 = 187.12$$

이다.

($SS_{전}$는 계산 확인에 이용되고 전체 변량은 필요치 않다. $SS_{전} = SS_{내} + SS_{간}$이 됨을 확인해 보라. 만일 $SS_{전} = SS_{내} + SS_{간}$이 되지 않는다면 분명히 여러분의 계산이 잘못된 것이다. 물론 공식을 사용하면 반올림 오차 때문에 정확한 값이 안 나올 수도 있다.)

$$MS_{내} = \frac{SS_{내}}{df_{내}} = \frac{82}{15} = 5.47$$

$$MS_{간} = \frac{SS_{간}}{df_{간}} = \frac{105.12}{2} = 52.56$$

이 $F_{관찰치}$를 부록의 표에 있는 임계치와 비교한다.

$-$해석

• 우리가 관찰한 $F_{관} = 9.6$은 $\alpha = .01$ 수준에서의 $F_{임계치}$보다 크므로 약효가 없다는 영가설을 기각하고 약효가 있다고 결론짓는다. 즉, 집단 간 평균치들은 $\alpha = .01$ 수준에서 유의한 차이가 있다는 것이다. [$p < 0.1$]

- 이는 약효가 없다면(영가설이 맞다면) 우연히 표집오차에 의해 세 평균치가 이렇게 (9대 13대 7) 나올 확률이 100 중에 1도 안 된다($p < 0.1$)는 것을 의미한다.

- 그러나 이 통계치는 어느 집단의 평균치가 높고 어느 집단이 낮은지는 말해 주지 않고 좌우간 그런 정도의 차이가 날 확률이 낮다는 것이므로 여러분이 평균치를 보고 해석해야 한다.

- 즉, 카페인을 투여하지 않은 때는 사람들이 평균 9개의 무의미 철자를 기억하였는데, 카페인을 20g 투여했더니 기억량이 증가(13개)되었고, 더 많은 50g을 투여했을 때는 평균 7개로 투여하지 않았을 때의 9개보다 오히려 적게 기억하여, 너무 과한 양을 투여하면 다소의 역효과가 나타났다는 식으로 평균치를 보면서 해석해야 한다.

- 앞서 잠깐 언급했었지만 정의공식은 개념의 이해에는 유용하지만 실제 계산을 할 때는 불편하다.

- 그래서 실제 계산을 할 경우에는 계산공식을 이용하는 것이 편리하다.

- 앞의 자료를 계산공식으로 계산해 보자.

- 일반식으로 표시하면 다음과 같다.

[표 12.3] 일원변량분석의 일반적 계산 절차

I	II	III	
—	—	—	
—	—	—	
—	—	—	
—	—	—	
—	—	—	
n_1	n_2	n_3	$\longrightarrow N$
T_1	T_2	T_3	$\longrightarrow T.$
$\sum X_{i1}{}^2$	$\sum X_{i2}{}^2$	$\sum X_{i3}{}^2$	$\longrightarrow \sum_{j=1}^{p}\sum_{i=1}^{n} X_{ij}{}^2$
$\dfrac{T_1{}^2}{n_1}$	$\dfrac{T_2{}^2}{n_2}$	$\dfrac{T_3{}^2}{n_3}$	$\longrightarrow \sum \dfrac{T_j{}^2}{n_j}$
중간수치	(I) $\dfrac{T^2}{N}$	(II) $\sum\sum X_{ij}{}^2$	(III) $\sum \dfrac{T_j{}^2}{n_j}$

$$SS_\text{내} = \sum\sum (X_{ij} - \overline{X_j})^2 \;=(II)-(III)= \sum\sum X_{ij}{}^2 - \sum \frac{T_j{}^2}{n_j}$$

$$SS_\text{간} = \sum\sum (X_{.j} - \overline{X..})^2 =(III)-(I)= \sum \frac{T_j{}^2}{n_j} - \frac{T..^2}{N}$$

$$SS_\text{전} = \sum\sum (X_{ij} - \overline{X..})^2 =(II)-(I)= \sum\sum X_{ij}{}^2 - \frac{T..^2}{N}$$

변량분석표(summary table)

변량원	df	SS	MS	F
집단 간	$p-1$	$SS_\text{간}$	$MS_\text{간}$	00.00*
집단 내	$N-p$	$SS_\text{내}$	$MS_\text{내}$	
전체	$N-1$			

$*: p < .05 \qquad **: p < .01 \qquad ***: p < .001$

−계산 공식대로 진행해 보자.

I	II	III	
10	15	4	
8	12	7	
6	14	8	
9	13	10	
12	8	6	
8	16		
10			
$n_1 = 7$	$n_2 = 6$	$n_3 = 5$	$\longrightarrow N = 18$
$T_1 = 63$	$T_2 = 78$	$T_3 = 35$	$\longrightarrow T. = 176$

$$\sum X_{i1}{}^2 = 589 \qquad \sum X_{i2}{}^2 = 1054 \qquad \sum X_{i3}{}^2 = 265 \qquad \longrightarrow \sum_{j=1}^{p}\sum_{i=1}^{n} X_{ij}{}^2 = 1908 ⓐ$$

$$\frac{T_1^2}{n_1} = \frac{63^2}{7} = 567 \qquad \frac{T_2^2}{n_2} = \frac{78^2}{6} = 1014 \qquad \frac{T_3^2}{n_3} = \frac{35^2}{5} = 245 \qquad \longrightarrow \sum \frac{T_j^2}{n_j} = 1826 ⓑ$$

ⓐ는 표에 있는 수치를 모두 제곱해서 다 더한 것이다.

ⓑ는 앞에서 계산된 T와 n을 이용하여 $\dfrac{T^2}{n}$을 한 번 더 계산한다.

중간수치
(I) $\dfrac{T^2}{N} = \dfrac{176^2}{18} = 1720.89$

(II) $\sum\sum X_{ij}{}^2 = 1908$ ······ ⓐ에서 계산되었음.

(III) $\sum \dfrac{T_j^2}{n_j} = 1826$ ······ ⓑ

$SS_{내} = (II) - (III) = 1908 - 1826 - 82$

$SS_{간} = (III) - (I) = 1826 - 1720.89 = 105.11$

$SS_{전} = (II) - (I) = 1826 - 1720.89 = 105.11$

−앞에서 정의공식으로 계산된 것과 비교해 보라. 약간의 차이는 반올림 오차 때문이다.

−이 계산된 결과를 변량분석표로 요약하면 다음과 같다.

카페인 투여량에 따른 회상량의 변량분석

변량원	df	SS	MS	F
집단 간	2	105.11	52.56	9.61**
집단 내	15	82	5.47	
전체	17	187.11		

$**: p < .01$

- 변량분석표에서 df와 SS는 순서를 바꾸어 써도 무방하나 요즘은 df를 앞에 쓰는 경향이 있다.

- $MS_{간}/MS_{내} = F_{관찰치}$는 집단 간의 줄에 쓴다.

- $df = 2$, $df = 15$에서 F의 임계치는 $\begin{bmatrix} 3.68 \\ 6.36 \end{bmatrix}$ 인데, 우리가 계산한 $F_{관찰치}$는 $\alpha = .01$ 수준의 임계치보다 크므로 H_0를 기각하고 집단 간에 통계적으로 유의한 차이가 있다($p < .01$)라고 한다.

- 결과의 해석은 앞에서 언급했듯이 평균치를 보면서 하면 된다.

연습문제

⚡ **12장.** 일원변량분석

문제

① 전체 편차는 $(X_{ij} - \overline{X}_{..})$로 표시된다. 집단 내 편차와 집단 간 편차도 표시해 보고 전체편차＝집단 내 편차＋집단 간 편차가 됨을 확인해 보라.

②

	I	II	III	전체
	8	10	12	
	4	5	11	
	6	12	8	
	2	4	9	
	5	4	5	
합계	25	35	45	105
평균	5	7	9	7

2-1) III집단의 첫 번째 점수(12)의 편차를 분할해 보라.

2-2) I집단의 네 번째 점수(2)의 편차를 분할해 보라.

2-3) $\sum\sum(X_{ij} - \overline{X}_{..})^2$, $\sum\sum(X_{ij} - \overline{X}_{.j})^2$, $\sum\sum(\overline{X}_{.j} - \overline{X}_{..})^2$을, 즉 $SS_{전}$, $SS_{내}$, $SS_{간}$을 계산해 보라.

2-4) 각 집단의 모든 점수들이 평균점이라 생각하고(I집단은 모두 5점, II집단은 모두 7점, III집단은 모두 9점), $SS_{전}$, $SS_{내}$, $SS_{간}$을 계산해 보라.

2-5) 위 표에서 Ⅲ집단의 모든 점수에 5점씩 더해 주면 다음과 같다.

Ⅰ	Ⅱ	Ⅲ
8	10	17
4	5	16
6	12	13
2	4	14
5	4	10

$SS_{전}$, $SS_{내}$, $SS_{간}$을 계산해보라.

2-6) 집단 간 변량과 집단 내 변량을 설명해 보고 2-3), 2-4)를 비교하여 확인해 보라.

③ 집단 간 변량(편차)과 집단 내 변량(편차)은 왜 나타나는가?

④ 변량분석에서 편차의 분할과 상관(회귀)에서 편차의 분할을 비교해 보라.

⑤ 조명 수준에 따른 생산량이 다음과 같았다. 결과를 분석하고 해석해 보라.

조명(집단)	Ⅰ(10w)	Ⅱ(50w)	Ⅲ(100w)	Ⅳ(200w)
	3	8	12	3
	8	9	11	5
	7	7	9	4
	4	10	14	7
	5	6	13	5
	9	7		

이원변량분석

학습목표 이원변량분석은 변인이 2개인 경우로 두 변인(A, B)의 효과와 그 상호작용(A×B)효과를 동시에 분석할 수 있다. 두 변인의 주 효과를 보는 것은 앞서 배운 일원변량분석을 2번 하면 되겠지만, A×B의 상호작용 효과는 일원변량분석으로는 알 수가 없다. 따라서 이원변량분석에서는 상호작용효과의 의미를 이해하는 것이 핵심이다. 예로 들은 표에서 전체 편차가 여러 가지 편차로 분할되고 그 편차들에서 편차 → 자승화(SS) → 평균자승화(MS)가 계산되는 방식을 이해해야 된다. 그리고 상호작용효과가 나타나면 결과를 어떻게 해석해야 하는지도 잘 이해해야 한다.

- 일원변량분석은 독립변인과 종속변인이 각각 하나씩이며 독립변인의 수준에 따른 평균치의 차이들을 검증하는 방식이었다.

- 독립변인이 2개인 경우에는 어떤 검증 방식을 사용해야 할까?

- 이러한 경우 각각의 독립변인에 대해 일원변량분석을 실시하는 것이 아니라 이원변량분석을 사용하여 검증을 하게 된다.

- 이원변량분석(two-way analysis of variance 또는 two-factor analysis of variance)은 연구 설계에 독립변인이 2개(A, B)가 포함되어 있을 경우를 말한다.

- 독립변인의 수에 따라 삼원변량분석, 사원변량분석, 오원변량분석도 있을 수 있다(일반적으로 계산과 해석이 복잡해지기 때문에 삼원변량분석까지만 사용된다).

- 예를 들어 성별(2: 남 vs. 여)과 카페인 투여 여부(2: 투여 vs. 비투여)에 따른 무의미 철자 기억에 대한 연구한다고 가정해 보자.

- 독립변인은 성별과 카페인 투여여부이고, 종속변인은 회상점수로서 각 요인이 두 수준으로 이루어진 2요인 설계(two-factor design)이다.

−이때 나올 수 있는 경우의 수는 아래 표에 제시되었다.

[표 13.1] 성별 및 카페인 투여 여부에 따른 경우의 수

		요인 B (카페인 투여 여부)	
		b_1 (카페인 투여)	b_2 (식염수 투여)
요인 A (성별)	a_1 (남자)	카페인을 투여받은 남자	식염수를 투여받은 남자
	a_2 (여자)	카페인을 투여받은 여자	식염수를 투여받은 여자

−위의 연구에서는 세 종류의 질문이 제기될 수 있다.

−요인 A의 수준에 유의미한 차이가 있는가?: 남자와 여자의 기억에 차이가 있는가?

−요인 B의 수준에 유의미한 차이가 있는가?: 카페인 투여조건과 비투여(식염수) 조건에 기억차이가 있는가?

−A요인과 B요인 사이에 상호작용효과가 있는가?: 성별에 따라서 카페인 투여 효과가 다르게 나타나는가?

13.1. 주 효과와 상호작용효과

−우선 설명을 위해 앞선 예를 구체화시켜 보자.

−남자와 여자에게 카페인을 투여하거나 투여하지 않고(대신 식염수 투여) 20 개의 무의미 철자를 학습시킨 후 회상검사를 실시하였다고 해보자.

[표 13.2] 성별 및 카페인 투여 여부에 따른 회상량

B

		카페인		식염수		
		14		9		
		12	(11)	8	(7.6)	
A	남자	11		4		9.3
		10		7		
		8		10		
		10		10		
		6	(7)	7	(8)	
	여자	4		8		7.5
		8		5		
		7		10		
			9		7.8	8.4

— 이런 설계는 성별(A)변인과 약물(B)변인의 두 변인이 있고, 성별변인에는 남자(a_1)와 여자(a_2)의 두 수준이 있으며 약물변인에는 카페인(b_1)과 식염수(b_2)의 두 수준이 있다.

— 이 도표를 단순화하면 다음과 같다.

[표 13.3] 2요인 분류의 일반적인 표기법

B

		b_1		b_2		
		−		−		
		−		−		
	a_1	− $\overline{X_{\cdot 11}}$		− $\overline{X_{\cdot 12}}$	$\overline{X_{\cdot 1 \cdot}}$	
A		−		−		$\overline{X_{\cdot j \cdot}}$
		−		−		
	a_2	− $\overline{X_{\cdot 21}}$		− $\overline{X_{\cdot 22}}$	$\overline{X_{\cdot 2 \cdot}}$	
		−		−		
		$\overline{X_{\cdot \cdot 1}}$		$\overline{X_{\cdot \cdot 2}}$	$\overline{X_{\cdot \cdot \cdot}}$	
				$\overline{X_{\cdot \cdot k}}$		

– 우선 표기법부터 정리해 보자.

- X_{ijk}: jk번째 집단의 i번째 점수(j는 A의 수준, k는 B의 수준)
- $\overline{X_{.jk}}$: jk번째 집단의 평균
- $\overline{X_{.j.}}$: a_j수준의 평균
- $\overline{X_{..k}}$: b_k수준의 평균
- $\overline{X_{...}}$: 전체 평균

– 평균에 점이 찍힌 것은 모두 더해서 나누었기 때문에 사람이나 집단의 정보가 사라져 흔적을 남긴 것이다.

– 예를 들어 남자(a_1) 식염수(b_2) 집단은 12집단이며, 그 평균은 $\overline{X_{.12}}$로 표시되는데, 12집단 내의 모든 사람들의 점수를 합해서 평균하였으므로 개인의 정보는 의미가 없고($\cdot$으로 흔적 남김), 12집단의 평균이란 의미이다.

– 이원변량분석에서는 3가지 물음에 대한 답을 한다.
  - ① 회상량에서 남녀간에(카페인-식염수 무시) 차이가 있는가?… A효과
  - ② 회상량에서 약물조건 간에(남-여 무시) 차이가 있는가? … B효과
  - ③ 회상량에서 성별과 약물조건 간의 상호작용이 있는가? … AB효과

  - ①을 위해서는 $a_1 - a_2$($\overline{X_{.1.}}$와 $\overline{X_{.2.}}$, 즉 9.3과 7.5) 비교 …… F_A
  - ②을 위해서는 $b_1 - b_2$($\overline{X_{..1}}$와 $\overline{X_{..2}}$, 즉 9와 7.8) 비교 …… F_B
  - ③을 위해서는? …… F_{AB}

– 즉, 이원변량분석에서는 F_A, F_B, F_{AB}를 한꺼번에 분석한다.

– F_A와 F_B는 앞에서 배운 일원변량분석을 따로 두 번 해도 되지만 F_{AB}는 이원변량분석에서만 가능하다.

– 이원변량분석에서는 바로 이 상호작용(F_{AB})의 의미를 이해하는 것이 핵심이다.

- A효과나 B효과와 같이 한 변인의 효과를 이야기할 때는 주 효과라 하고 두 변인이 함께 작용하여 만들어 낸 효과를 상호작용효과라고 한다.

- 주 효과(main effect)는 다른 요인을 무시하고 어떤 요인의 수준에 따른 전집 평균치의 차이를 의미한다.

- 상호작용효과(interaction effect)는 한 변인의 효과가 다른 변인의 각 수준에서 다르게 나타나는 것이다. 즉, 한 변인의 효과가 다른 변인의 각 수준에서 다른 형태를 보이는(다른 스타일로 나타나는) 것이다.

- 그림으로 그려 보았을 때 그림이 교차할수록 상호작용이 있고(크고), 그림이 평행할수록 상호작용은 없다(작다).

- 상호작용효과의 의미를 감각적으로 이해하기 위해 앞의 예(성별, 약물)를 다양하게 변화시키면서 설명해 보자.

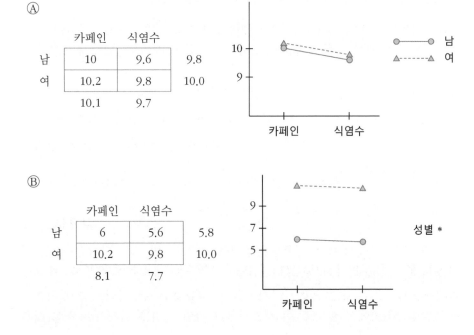

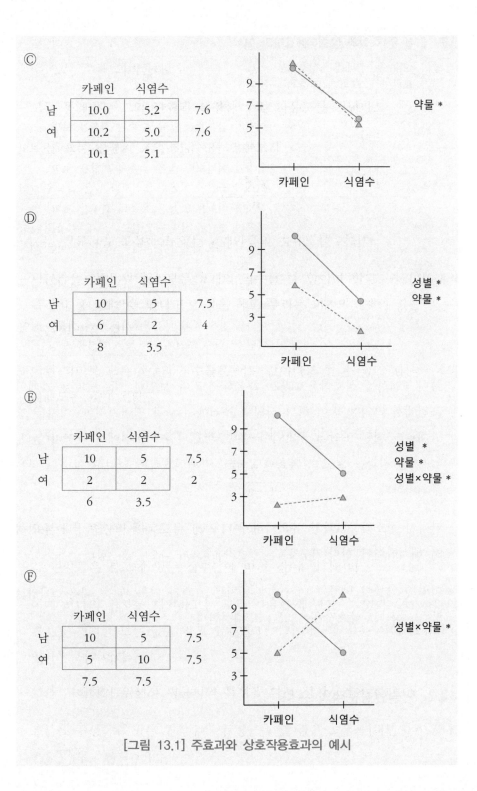

ⓒ

	카페인	식염수	
남	10.0	5.2	7.6
여	10.2	5.0	7.6
	10.1	5.1	

약물 *

ⓓ

	카페인	식염수	
남	10	5	7.5
여	6	2	4
	8	3.5	

성별 *
약물 *

ⓔ

	카페인	식염수	
남	10	5	7.5
여	2	2	2
	6	3.5	

성별 *
약물 *
성별×약물 *

ⓕ

	카페인	식염수	
남	10	5	7.5
여	5	10	7.5
	7.5	7.5	

성별×약물 *

[그림 13.1] 주효과와 상호작용효과의 예시

[표 13.4] 주 효과와 상호작용효과의 예시

	성별 효과	카페인 효과	상호작용 효과	해석
Ⓐ	N.S	N.S	N.S	아무런 효과도 없음
Ⓑ	*	N.S	N.S	여자가 남자보다 높은 수준의 회상을 보임
Ⓒ	N.S	*	N.S	카페인 조건이 식염수 조건보다 높은 회상을 보임
Ⓓ	*	*	N.S	남자가 여자보다 높은 수준의 회상을 보임 카페인 조건이 식염수 조건보다 높은 회상을 보임
Ⓔ	*	*	*	남자가 여자보다 높은 수준의 회상을 보임 카페인 조건이 식염수 조건보다 높은 회상을 보임 여자의 경우 카페인과 식염수 조건에서 낮은 회상을 보임
Ⓕ	N.S	N.S	*	남자의 경우 카페인 조건에서 높은 회상을 보인 반면, 식염수 조건에서는 낮은 회상을 보임 여자의 경우 카페인 조건에서는 낮은 회상을 보인 반면, 식염수 조건에서는 높은 회상을 보임

- 특히 F에서는 상호작용효과가 확실히 드러나 보인다. 즉, 남자는 카페인 조건에서 기억을 많이 하고 식염수 조건에서는 뚝 떨어지지만, 여자는 그 반대로 카페인 조건에서 기억이 매우 낮고 식염수 조건에서 기억이 높다. ⇒ 이런 결과를 보고 성별효과도 없고 카페인효과도 없다고 말하는 것은 무의미하다.

- 따라서 상호작용효과가 유의미하게 나오면 주 효과를 무시하거나 주의해서 해석하여야 한다(연구자들은 상호작용효과가 나오면 흥분함).

- 이렇듯 약물이 남자와 여자에게 미치는 효과가 다를 때(즉, 다른 스타일로 영향을 줄 때) 상호작용이 있다고 해석한다.

13.2. 이원변량분석의 논리

- 다시 앞의 예로 돌아가서 각 효과들을 검토해 보자.

[표 13.5] 각 효과의 분할

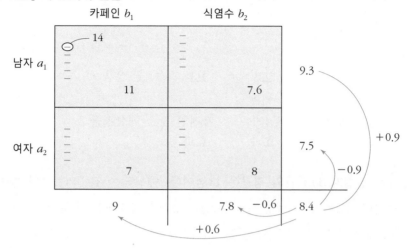

─이 표에서는 각 집단의 평균치들과 전체 평균치만 표시하였다.

─a_1b_1(남자, 카페인) 집단에 속한 재은이가 14개의 무의미 철자를 회상했다고 해보자.

─재은이의 점수(14)는 전체 평균(8.4)보다 5.6점 높다. 이 전체 편차($X_{ijk} - \overline{X}...$)를 분해해 보도록 하자.

─왜 재은이는 전체 평균보다 +5.6 높은 14점을 얻었는가?

• 재은이는 남자 집단에 속한다. 남자의 평균은 9.3이다. (여자 집단에 속했다면 전체 평균보다 0.9점 낮은 7.5이겠지만 남자 집단에 속했기 때문에 +0.9 높은 9.3을 얻었다.)
  즉, 남자이기 때문에: 9.3－8.4 ＝＋0.9　　　……　A편차

• 또 재은이는 카페인 집단에 속해 있다. 식염수 집단이었다면 전체 평균보다 0.6점 낮은 7.8점이겠지만 카페인 집단에 속해서 +0.6 높았다.
  즉, 카페인 집단이기 때문에: 9－8.4 ＝＋0.6　　……　B편차

• 남자 효과가 ＋0.9이고 카페인 효과가 ＋0.6이라면 전체 평균(8.4)에

서 이 두 효과를 더하면 남자, 카페인 집단(11집단)의 평균은 9.9로 예상된다.

즉,

$$\underline{8.4} \quad + \quad \underline{0.9} \quad + \quad \underline{0.6} \quad = \quad \underline{9.9}$$

$$\downarrow \qquad\qquad \downarrow \qquad\qquad \downarrow \qquad\qquad \downarrow$$

전체평균　　　남자　　　카페인　　　예상평균
　　　　　　　효과　　　효과

- 그런데 실제 11집단의 평균은 11점이다. 예상되는 점수와 1.1의 차이를 보인다. (관찰평균－예상평균＝＋1.1) 이것이 상호작용 편차이다.
  즉, 상호작용 때문: 관찰평균－예상평균＝＋1.1 …… AB편차

- 마지막으로 남자이면서 카페인을 투여한 11집단의 평균은 11점인데 왜 재은이는 14점인가? 이는 알 수 없는 오차(집단 내 오차) 때문이다.
  즉, 오차 때문에: 14－11＝＋3 …… 집단 내 편차

- 정리하면 전체편차 ＝ A편차 ＋ B편차 ＋ AB편차 ＋ 집단 내 편차

$$\qquad\quad \downarrow \qquad\quad \downarrow \qquad\quad \vdots \qquad\quad \vdots \qquad\qquad \vdots$$

$$5.6 \quad = \quad 0.9 \quad + \quad 0.6 \quad + \quad 1.1 \quad + \quad 3$$

가 된다.

－이를 일반식으로 표시하면

전체편차	: $(X_{ijk} - \overline{X...})$	…… ＋5.6
A편차	: $(\overline{X_{.j.}} - \overline{X...})$	…… ＋0.9
B편차	: $(\overline{X_{..k}} - \overline{X...})$	…… ＋0.6
AB편차	: $(X_{.jk} - \overline{X_{.j.}} - \overline{X_{..k}} + \overline{X...})$	…… ＋1.1
집단 내 편차	: $(X_{ijk} - \overline{X_{.jk}})$	…… ＋3

－AB편차는 관찰 평균－예상 평균이라 했는데

└─ 관찰평균: $\overline{X_{\cdot jk}}$

└─ 예상평균: $\overline{X \ldots} \quad + (\overline{X_{\cdot j \cdot}} - \overline{X \ldots}) + (\overline{X_{\cdot \cdot k}} - \overline{X \ldots})$

$\qquad\qquad\qquad \downarrow \qquad\qquad\quad \downarrow \qquad\qquad\quad \downarrow$

$\qquad\qquad$ 전체평균 $\qquad$ 남자 효과 $\qquad$ 카페인 효과

－따라서

관찰평균－예상평균$= \overline{X_{\cdot jk}} - \left[\overline{X \ldots} + (\overline{X_{\cdot j \cdot}} - \overline{X \ldots}) + (\overline{X_{\cdot \cdot k}} - \overline{X \ldots}) \right]$

$\qquad\qquad\qquad\qquad\qquad = (\overline{X_{\cdot jk}} - \overline{X_{\cdot j \cdot}} - \overline{X_{\cdot \cdot k}} + \overline{X \ldots})$가 된다.

－이 관계를 정리하면

전체 편차＝A편차＋B편차＋AB편차＋집단 내 편차이다.

$(X_{ijk} - \overline{X \ldots}) = (\overline{X_{\cdot j \cdot}} - \overline{X \ldots}) + (\overline{X_{\cdot \cdot k}} - \overline{X \ldots}) +$

$\qquad\qquad\qquad (\overline{X_{\cdot jk}} - \overline{X_{\cdot j \cdot}} - \overline{X_{\cdot \cdot k}} + \overline{X \ldots}) + (X_{ijk} - \overline{X_{\cdot jk}})$

－양변을 제곱해서 모두 더해도 등호(＝)는 성립된다.

$- \sum\sum\sum (X_{ijk} - \overline{X \ldots})^2 = \sum\sum\sum (\overline{X_{\cdot j \cdot}} - \overline{X \ldots})^2 + \qquad\qquad \longrightarrow SS_A$

$\qquad \mid \qquad\qquad\qquad\qquad \sum\sum\sum (\overline{X_{\cdot \cdot k}} - \overline{X \ldots})^2 + \qquad\qquad \longrightarrow SS_B$

$\qquad SS_{전} \qquad\qquad\qquad \sum\sum\sum (\overline{X_{\cdot jk}} - \overline{X_{\cdot j \cdot}} - \overline{X_{\cdot \cdot k}} + \overline{X \ldots})^2 + \longrightarrow SS_{AB}$

$\qquad\qquad\qquad\qquad\qquad \sum\sum\sum (X_{ijk} - \overline{X_{\cdot jk}})^2 \qquad\qquad\qquad \longrightarrow SS_{내}$

－$(a+b+c+d)^2 = a^2 + b^2 + c^2 + d^2 + 2ab + \underline{2ac + 2ad + 2bc + 2bd + 2cd}$ 인데,

$\sum$해서 모두 더하면 제곱되지 않은 교적항(밑줄 부분)들은 0이 되어 없어

지고 위의 식이 된다.

－즉, $\sum\sum\sum (전체편차)^2 = \sum\sum\sum (A편차)^2 + \sum\sum\sum (B편차)^2 +$

$\qquad\qquad\qquad\qquad \sum\sum\sum (AB편차)^2 + \sum\sum\sum (집단 내 편차)^2$

$\underline{SS_{전} = SS_A + SS_B + SS_{AB} + SS_{내}}$가 된다.

- 일원변량분석에서는 $SS_{전} = \underline{SS_{간}} + SS_{내}$로 분할되었으나,

이원변량분석에서는 $SS_{전} = \underline{SS_A + SS_B + SS_{AB}} + SS_{내}$로 $SS_{간}$에 해당되는 것이 세 가지로 나뉜다.

- 일단 자승화가 계산되면 자유도(df)를 알아야 평균 자승화(MS)를 계산할 수 있고 F값을 구할 수가 있다.

- 성별(2)×약물(2)의 4집단에 각각 5명씩이고 총 20명이므로,

$$df_{전} = N - 1 = npq - 1 = 5 \times 2 \times 2 - 1 = 19$$

- 또 A(성별)변인은 p개의(2) 수준이므로,

$$df_A = p - 1 = 2 - 1 = 1$$

- 또 B(약물)변인도 $q(2)$개의 수준이므로

$$df_B = q - 1 = 2 - 1 = 1$$

- 그리고 AB상호작용의 자유도는 A자유도와 B자유도의 곱이다.

$$df_{AB} = (p - 1)(q - 1) = 1$$

- 상호작용 자유도를 산출하는 방식을 위해 3×4 요인설계의 예를 들어본다.

	b_1	b_2	b_3	b_4	$\rightarrow$	q수준
a_1	○	○	○	∨		△
a_2	○	○	○	∨		△
a_3	∨	∨	∨	∨		△
↓	□	□	□	□		▣

p수준

표에서와 같이 난외의 평균치를 안다면 ○표 부분만 알면 나머지 ∨표 부분은 저절로 정해지므로, 자유도는 $(p-1)(q-1) = (3-1) \times (4-1) = 6$이 되는 것이다.

- 끝으로 집단 내 자유도는 각 집단 내에서의 $(n-1)$개의 자유도인데 집단의 수가 $p \times q$개이므로 집단 내 자유도 전체는 $pq(n-1)$이다.

$df_내 = pq(n-1) = npq - pq = N - pq$ 이다.

– 정리하면,

$df_A = p - 1$

$df_B = q - 1$

$df_{AB} = (p-1)(q-1) = pq - p - q + 1$

$df_내 = npq - pq = N - pq$
_____
$df_전 = npq - 1 = N - 1$ 이다.

여기서도 $df_전 = df_A + df_B + df_{AB} + df_내$ 가 된다.

– SS 와 df 가 계산되면 F 값을 구할 수 있는데, 이원변량분석에서는 A효과, B효과, A×B상호작용효과를 보는 세 가지 F 값을 구한다.

$$F_A = \frac{MS_A}{MS_내} \qquad \frac{SS_A}{df_A}$$

$$\frac{SS_내}{df_내}$$

$$F_B = \frac{MS_B}{MS_내} \qquad \frac{SS_B}{df_B}$$

$$F_{AB} = \frac{MS_{AB}}{MS_내} \qquad \frac{SS_{AB}}{df_{AB}}$$

– 즉, 각각의 SS 를 자신의 df 로 나누면 각각의 MS 가 되는데,

$SS_전 = SS_A + SS_B + SS_{AB} + SS_내$ 가 되지만

$MS_전 \neq MS_A + MS_B + MS_{AB} + MS_내$ 이다.

– 변량분석에서 $MS_전$ 를 계산할 필요는 없다. 필요한 것은 각 효과를 반영하는 MS_A, MS_B, MS_{AB}, $MS_내$ 이다.

– 지금까지의 과정을 요약해 보면 다음과 같이 된다.

A편차 $\quad: (\overline{X_{\cdot j}\cdot} - \overline{X\cdot\cdot\cdot})$ $\qquad\qquad \rightarrow SS_A \dashrightarrow MS_A[\text{A효과}+\text{오차}]$

B편차 $\quad: (\overline{X\cdot\cdot_k} - \overline{X\cdot\cdot\cdot})$ $\qquad\qquad \rightarrow SS_B \dashrightarrow MS_B[\text{B효과}+\text{오차}]$

AB편차 $\quad: (X_{\cdot jk} - \overline{X_{\cdot j}\cdot} - \overline{X\cdot\cdot_k} + \overline{X\cdot\cdot\cdot}) \rightarrow SS_{AB} \dashrightarrow MS_{AB}[\text{AB효과}+\text{오차}]$

집단 내 편차: $(X_{ijk} - \overline{X_{\cdot jk}})$ $\qquad\qquad \rightarrow SS_\text{내} \dashrightarrow MS_\text{내}[\text{오차}]$

$-\text{A효과}\quad: F_A = \dfrac{MS_A(\text{처치}A + \text{오차})}{MS_\text{내}(\text{오차})}$ $\qquad \longleftrightarrow F_\text{임계치}\ \text{비교}$

$\quad\text{B효과}\quad: F_B = \dfrac{MS_B(\text{처치}B + \text{오차})}{MS_\text{내}(\text{오차})}$ $\qquad \longleftrightarrow F_\text{임계치}\ \text{비교}$

$\quad\text{AB효과}: F_{AB} = \dfrac{MS_{AB}(\text{처치}AB + \text{오차})}{MS_\text{내}(\text{오차})} \longleftrightarrow F_\text{임계치}\ \text{비교}$

- 이런 정의공식은 개념적 이해를 위해 사용하고 실제 계산($SS \rightarrow MS \rightarrow F$) 은 나중에 설명하는 계산공식으로 하는 것이 편리하다.

$-\left[\begin{array}{l} SS_A \rightarrow MS_A\text{는 A효과와 오차} \\ SS_B \rightarrow MS_B\text{는 B효과와 오차} \\ SS_{AB} \rightarrow MS_{AB}\text{는 AB효과와 오차} \\ SS_\text{내} \rightarrow MS_\text{내}\text{는 오차} \end{array}\right]$ 를 반영하며 다른 효과와는 무관함을 확인해 보기 위해 숫자적 예를 들어 보자.

- 앞에서 예로 들었던 자료와 그 자료의 카페인 집단에 속한 모든 사람에게 +5점을 더해 준 새로운 자료를 비교하면서 각 SS가 어떻게 달라지는지 살펴보자.

앞의 자료			
	b_1	b_2 ⇒	q개
a_1	14 12 11 10 (11) 8	9 8 4 7 (7.6) 10	9.3
a_2 ⟱	10 6 4 8 (7) 7	10 7 8 5 (8) 10	7.5
p개	9	7.8	8.4

새로운 자료			
	카페인(+5)	식염수	
남자	19 17 16 15 (16) 13	9 8 4 7 (7.6) 10	11.8
여자	15 11 9 13 (12) 12	10 7 8 5 (8) 10	10
	14	7.8	10.9

$$SS_A = \sum\sum\sum(\overline{X_{\cdot j \cdot}} - \overline{X \ldots})^2$$
$$= nq\sum(\overline{X_{\cdot j \cdot}} - \overline{X \ldots})^2$$
$$= (5)(2)\left[(9.3-8.4)^2 + (7.5-8.4)^2\right]$$
$$= 10(.81 + .81) = \underline{16.2}$$

$$SS_B = \sum\sum\sum(\overline{X_{\cdot\cdot k}} - \overline{X \ldots})^2$$
$$= np\sum(\overline{X_{\cdot\cdot k}} - \overline{X \ldots})^2$$
$$= (5)(2)\left[(9-8.4)^2 + (7.8-8.4)^2\right]$$
$$= 10(.36 + .36) = \underline{7.2}$$

SS_{AB}
$$= \sum\sum\sum(\overline{X_{\cdot jk}} - \overline{X_{\cdot j \cdot}} - \overline{X_{\cdot\cdot k}} + \overline{X \ldots})^2$$
$$= n\sum\sum(\overline{X_{\cdot jk}} - \overline{X_{\cdot j \cdot}} - \overline{X_{\cdot\cdot k}} + \overline{X \ldots})^2$$
$$= 5[(11-9.3-9=8.4)^2 +$$
$$(7.6-9.3-7.8+8.4)^2 +$$
$$(7-7.5-9+8.4)^2 +$$
$$(8-7.5-7.8+8.4)^2]$$
$$= 5[1.21+1.21+1.21+1.21]$$
$$= \underline{24.2}$$

$$SS_{내} = \sum\sum\sum(X_{ijk} - \overline{X_{\cdot jk}})^2 = \underline{79.2}$$

$$SS_A = nq\sum(\overline{X_{\cdot j \cdot}} - \overline{X \ldots})^2$$
$$= (5)(2)\left[(11.8-10.9)^2 + (10-10.9)^2\right]$$
$$= 10(.81 + .81) = \underline{16.2}$$

$$SS_B = np\sum(\overline{X_{\cdot\cdot k}} - \overline{X \ldots})^2$$
$$= (5)(2)\left[(14-10.9)^2 + (7.8-10.9)^2\right]$$
$$= 10(9.61 + 9.61) = \underline{192.2}$$

SS_{AB}
$$= \sum\sum\sum(\overline{X_{\cdot jk}} - \overline{X_{\cdot j \cdot}} - \overline{X_{\cdot\cdot k}} + \overline{X \ldots})^2$$
$$= n\sum\sum(\overline{X_{\cdot jk}} - \overline{X_{\cdot j \cdot}} - \overline{X_{\cdot\cdot k}} + \overline{X \ldots})^2$$
$$= 5[(16-11.8-14+10.9)^2 +$$
$$(7.6-11.8-7.8+10.9)^2 +$$
$$(12-10-14+10.9)^2 +$$
$$(8-10-7.8+10.9)^2]$$
$$= 5[1.21+1.21+1.21+1.21]$$
$$= \underline{24.2}$$

$$SS_{내} = \sum\sum\sum(X_{ijk} - \overline{X_{\cdot jk}})^2 = \underline{79.2}$$

- 위의 구자료의 b_1 수준에만 모두 (+5)를 해주고 구자료와 새자료를 비교
  해 보면

$$SS_A = 16.2로\ 동일함.$$
$$SS_B = 7.2 \Rightarrow 192.2로\ 증가$$
$$SS_{AB} = 24.2로\ 동일함.$$
$$SS_{내} = 79.2로\ 동일함.$$

SS_B에서만 변화가 있음을 주목하라.

- 이런 식으로 a_1 수준의 10명에게 모두 (+5) 해준다면 SS_A만 변화된다.

- 만일 $a_1 b_1$ 집단의 5명에게만 (+5) 해준다면 SS_A, SS_B, SS_{AB} 모두 달라지
  고 $SS_{내}$만 변화가 없이 79.2 그대로이다.

- 정의공식에 따라 계산하는 것은 평균이 소수점으로 나오거나 또 소수점으
  로도 딱 떨어지지 않는 경우가 많아 매우 불편하다.

- 계산공식은 그런 점이 없어 매우 편리하다.

- 계산공식을 소개하면 다음과 같다. (일반식으로 소개한다.)

		b_1	b_2	b_3	b_4	$\cdots$	q개
	a_1	T_{11}	T_{12}	T_{13}	T_{14}		$T_1.$
A	a_2	T_{21}	T_{22}	T_{23}	T_{24}		$T_2.$
	a_3	T_{31}	T_{32}	T_{33}	T_{34}		$T_3.$
	$\vdots$	$T_{.1}$	$T_{.2}$	$T_{.3}$	$T_{.4}$		$T..$
p개							

- 복잡하기 때문에 각 집단의 개인들의 점수는 생략되어 있고, 각 집단의
  합계(T)만 표시되어 있으며, 그 합계들이 가로로(a수준에 따라), 또 세로로
  (b수준에 따라) 합해진 행과 열의 합계들($T_j.$, $T_{.k}$)이 난외에 표시되었고,
  전체 합계($T..$)는 가장 오른쪽 밑에 표시되어 있다.

－중간 수치는 5개가 있다.

(I) $\dfrac{T..^2}{N}$ (Ⅳ) $\dfrac{\sum T._k{}^2}{np}$ * 중간수치 (II)는 표에 나오는 모든 수치를 제곱해서 모두 더하는 것이다. 위의 계산공식에는 합계들만 있어 원래 표를 보고 계산해야 한다.

(II) $\sum\sum\sum X_{ijk}{}^2$ (Ⅴ) $\dfrac{\sum\sum T_{jk}{}^2}{n}$

(Ⅲ) $\dfrac{\sum T_j.{}^2}{nq}$

－나머지들은 위의 합계표를 가지고 모두 계산할 수 있다.

－정의공식과 계산공식을 대비해 보면 다음과 같다.

$$SS_A = \sum\sum\sum(\overline{X._j.}-\overline{X...})^2 = (\text{Ⅲ})-(\text{ I })= \frac{\sum T_j^2.}{nq}-\frac{T_.^2.}{N}$$

$$SS_B = \sum\sum\sum(\overline{X.._k}-\overline{X...})^2 = (\text{Ⅳ})-(\text{ I })= \frac{\sum T_._k^2}{np}-\frac{T_.^2.}{N}$$

$$SS_{AB}= \sum\sum\sum(\overline{X._{jk}}-\overline{X._j.}-\overline{X.._k}+\overline{X...})^2 = (\text{Ⅴ})+(\text{ I })-(\text{Ⅲ})-(\text{Ⅳ})$$

$$= \frac{\sum\sum T_{jk}^2}{n}+\frac{T_.^2.}{N}-\frac{\sum T_j^2.}{nq}-\frac{\sum T_._k^2}{np}$$

$$SS_{내} = \sum\sum\sum(X_{ijk}-\overline{X._{jk}})^2 = (\text{ II })-(\text{Ⅴ}) = \sum\sum\sum X_{ijk}^2-\frac{\sum\sum T_{jk}^2}{n}$$

* 여기서 (Ⅲ), (Ⅳ) 수치 계산에서 주의해야 할 것은 분모 nq와 np인데

$$\left[\begin{array}{l} a의 \ 수준이 \ p개 \\ b의 \ 수준이 \ q개 \end{array}\right]$$ 이므로 $T_j.$는 nq명의 합계이고, $T._k$는 np명의

합계이기 때문에 그 합계를 만들어 낸 사람 수로 나눈다는 것을 혼동하지 말아야 한다.

－앞에서는 설명의 편의를 위해 2×2(성별×약물)의 간단한 예를 들었는데 좀 더 많은 수의 인원이 포함된 2×3 요인설계의 예를 들어 보자.

13.3. 이원변량분석의 예시

－연구문제

• 남녀 학생들에게 카페인을 투여하고 무의미 철자 20개를 학습시킨 후 회상검사를 하여 다음과 같은 결과를 얻었다고 해보자. (표의 수치는 회상된 무의미 철자의 개수이다.)

[표 13.6] 성별과 카페인 투여량에 따른 회상량

	0g	20g	50g
남	8	12	15
	10	8	14
	7	6	9
	6	7	10
	8	8	12
	5	9	16
	9	10	17
	11	8	15
여	12	13	10
	6	9	6
	8	14	7
	10	12	5
	6	14	4
	5	10	5
	7	15	4
	6	17	7

－가설

• H_0: A요인: $\alpha_1 = \alpha_2 = 0$

B요인: $\beta_1 = \beta_2 = \beta_3 = 0$

AB상호작용요인: $\alpha\beta_{11} = \alpha\beta_{12} = \alpha\beta_{13} = \alpha\beta_{21} = \alpha\beta_{22} = \alpha\beta_{23} = 0$

• $H_1 : H_0$가 아님

(α_1은 남자들의 회상 평균치와 전체 평균치 간의 차이를 의미한다(즉, $\alpha_1 = \mu_{a1} - \mu.$). 영가설하에서는 성별이 회상에 미치는 영향이 없다고 가정되기 때문

에 전체 전집의 평균치와 각각 a_1와 a_2 모두 같다고 가정된다. 따라서 $H_0 : a_1 = a_2 = 0$가 된다. 이러한 논리는 다른 요인뿐만 아니라 상호작용요인에도 적용된다.)

−가정과 조건
- 피험자들은 무선적, 독립적으로 표집됨.
- 집단은 독립적임.
- 집단 변량은 동질적임.
- 전집분포는 정상분포임.
- 요인들은 고정적임.
- 각 집단의 사례수는 동일하고 1보다 큼.

−자유도와 결정규칙
- $\alpha = .05$

	A요인	B요인	AB상호작용
	$df_A = 1, 42$	$df_B = 2, 42$	$df_{내} = 2, 42$
H_0 기각 안 함	$F_{관} < 4.07$	$F_{관} < 3.22$	$F_{관} < 3.22$
H_0 기각함	$F_{관} \geq 4.07$	$F_{관} \geq 3.22$	$F_{관} \geq 3.22$

- $\alpha = .01$

	A요인	B요인	AB상호작용
	$df_A = 1, 42$	$df_B = 2, 42$	$df_{내} = 2, 42$
H_0 기각 안 함	$F_{관} < 7.27$	$F_{관} < 5.15$	$F_{관} < 5.15$
H_0 기각함	$F_{관} \geq 7.27$	$F_{관} \geq 5.15$	$F_{관} \geq 5.15$

−계산
- 합계표부터 다시 정리해서 중간수치를 계산하고 변량분석표를 작성해 보자.

A. 합계표

	b_1	b_2	b_3	$\cdots$	q
a_1	64	68	108		240
a_2	60	104	48		212
$\vdots$	124	172	156		452

$T_j.$

p $T_{\cdot k}$ $T..$

B. 중간수치

(Ⅰ) $\dfrac{T..^2}{N} = \dfrac{452^2}{48} = 4256.33$

(Ⅱ) $\displaystyle\sum\sum\sum X_{ijk}{}^2 = \dfrac{(8)^2 + \cdots (11)^2}{a_1 b_1} + \dfrac{(12)^2 + \cdots (6)^2}{a_2 b_1} + \dfrac{(12)^2 + \cdots (8)^2}{a_1 b_2} +$

$\dfrac{(13)^2 + \cdots (17)^2}{a_2 b_2} + \dfrac{(15)^2 + \cdots (15)^2}{a_1 b_3} + \dfrac{(10)^2 + \cdots (7)^2}{a_2 b_3}$

$= 540 + 490 + 602 + 1400 + 1516 + 316 = 4864$

(Ⅲ) $\dfrac{\sum T_j.^2}{nq} = \dfrac{(240)^2 + (212)^2}{8 \times 3} = 4272.67$

(Ⅳ) $\dfrac{\sum T_{\cdot k}{}^2}{np} = \dfrac{(124)^2 + (172)^2 + (156)^2}{8 \times 2} = 4331$

(Ⅴ) $\dfrac{\sum\sum T_{jk}{}^2}{n} = \dfrac{(64)^2 + (60)^2 + (68)^2 + (104)^2 + (108)^2 + (48)^2}{8} = 4638$

C. 자승화 계산

$SS_A = (Ⅲ) - (Ⅰ) = 4272.67 - 4256.33 = 16.34$

$SS_B = (Ⅳ) - (Ⅰ) = 4331 - 4256.33 = 74.67$

$SS_{AB} = (Ⅴ) + (Ⅰ) - (Ⅲ) - (Ⅳ) = 4638 + 4256.33 - 4272.67 - 4331$

$\qquad = 290.66$

$SS_\text{내} = (Ⅱ) - (Ⅴ) = 4864 - 4638 = 226$

E. 변량분석표

변량원	*df*	*SS*	*MS*	*F*
성별(A)	1	16.34	16.34	3.04
약물(B)	2	74.67	37.34	6.94**
A×B	2	290.66	145.33	27.01**
집단 내	42	226	5.38	
전체	47	607.67		

**: $p < .01$

− 결과 및 해석

• 변량분석 결과, 약물효과[$F(2, 42) = 6.94$]와 성별×약물의 상호작용효과 [$F(2, 42) = 27.01$]가 .01 수준에서 통계적으로 유의하였다. 상호작용효과가 유의하면 다른 주 효과는 무시되거나 해석할 때 조심해야 한다는 것은 앞서 언급한 바와 같다.

	0g	20g	50g
남	8	8.5	13.5
여	7.5	13	6

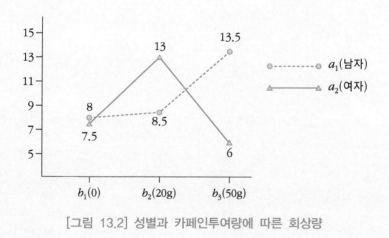

[그림 13.2] 성별과 카페인투여량에 따른 회상량

• 전체적으로 보면 남자가 여자보다 다소 더 많이 회상하였으며(240:212), 또 카페인을 투여하지 않을 때(124)보다 카페인을 20g 투여했을 때 가

장 많은 회상(172)이 있었고, 50g 투여하면 다소 감소(156)하는 경향이 있다. 그리고 남자의 경우는 0g이나 20g에서는 별 차이가 없으나(64:68), 50g 투여했을 때 급격한 증가(108)가 있었다. 그러나 여자의 경우는 20g 투여했을 때 회상량이 가장 많았고(104), 50g 투여했을 때에는 48개로 투여하지 않았을 때의 60개보다 훨씬 더 감소하는 경향이 있었다.

• 이렇듯 남자는 좀 많이(50g) 투여하는 것이 효과적이고, 여자는 적정량 (20g)을 투여해야 효과가 있으며 좀 많이 투여하면 오히려 역효과를 내는 경향을 보여 상호작용이 있음을 시사하고 있다.

─ 여기까지가 이원변량분석의 끝이다. 여러분들은 이제 앞서 1장에서 통계를 공부하는 이유에서 제시한 Student j의 연구를 다시 한번 읽어 보기 바란다. 분명 처음과 달리 논문이 눈에 들어오게 될 것이다. 아마도....

연습문제

 13장. 이원변량분석

문제

① X_{ijk}의 의미는?

② $\overline{X_{.j.}}$의 의미는?

③ 다음 표를 보고 답하라.

	b_1	b_2	b_3	
a_1	$\overline{X_{.11}}$	$\overline{X_{.12}}$	$\overline{X_{.13}}$	a
a_2	$\overline{X_{.21}}$	$\overline{X_{.22}}$	$\overline{X_{.23}}$	b
	c	d	e	f

3-1) a, b, c, d, e, f의 칸에 평균치를 표기법대로 써 넣으시오.

3-2) a와 b를 비교하는 것은 무슨 효과를 보는 것인가?

3-3) c, d, e를 비교하는 것은 무슨 효과를 보는 것인가?

④ 상호작용효과란?

⑤ 다음의 가상적 자료들에서 SS_A, SS_B, SS_{AB}, $SS_{내}$를 계산하고 비교해 보라.

X	b_1	b_2		Y	b_1	b_2		Z	b_1	b_2
	5	4			5	14			5	14
a_1	2	3		a_1	2	13		a_1	2	13
	3	4			3	14			3	14
	5	5			5	15			5	15
	4	6			4	16			4	6
a_2	3	4		a_2	3	14		a_2	3	4
	4	3			4	13			4	3
	3	5			3	15			3	5

⑥ 암수의 쥐들에게 인삼을 투여하고 미로학습에서의 오류수를 측정하여 다음과 같은 결과를 얻었다. 결과를 분석하고 해석해 보라.[그림, 중간수치, 변량분석표, 해석 포함]

투여량 성별	0mg	10mg	20mg
	12	8	17
	8	5	16
우쥐	11	6	14
	9	4	10
	13	7	14
	14	15	8
	10	18	5
송쥐	8	12	4
	10	14	6
	12	11	8

χ^2 검증

비모수적 기법들 중 특히 사회과학분야에서 여론조사 등에 많이 활용될 수 있는 것이 χ^2(카이자승)검증이다. 이 장에서는 어떤 성질의 자료를 카이자승검증할 수 있는지, 검증을 하기 위해 유관표에서 관찰빈도와 난외치에 근거하여 기대빈도를 계산하는 방식을 알아야 한다. 관찰빈도와 기대빈도 간의 차이에 근거하여 χ^2값을 계산할 수 있다. 이 χ^2검증은 평균치의 차이를 검증하는 것이 아니라 분포형태의 차이를 검증하는 것임을 이해하고 결과의 해석 방식도 이해하여야 한다.

- 지금까지 공부한 $t(z)$검증이나 F검증은 모수적 기법(parametric method)인데, 그 이유는 모수치들에 대한 가정을 포함하기 때문이다. 즉, 모집단의 분포가 정상분포이고 각 집단의 변량이 동질적이어야 한다는 등의 가정을 포함하고 있다.

- 그러나 그런 가정을 할 수 없을 때에는 비모수적(nonparametric) 기법들을 사용할 수 있다. 비모수적 기법은 모수치에 관한 가정을 하지 않기 때문에 분포에 무관한(distribution free) 검증이라고도 한다.

- 일반적으로 모수적 기법들이 가정을 위반하는 데 대해 견디는 힘도 크고 더 많은 정보를 제공하기 때문에 모수적 기법들이 선호됨으로 여러분들은 모수적 기법을 이용하는 것이 좋다.

- 그러나 가정이 충족되지 못하거나, 자료가 척도상의 점수치가 아니라 빈도와 같은 경우는 비모수적 기법인 χ^2(카이자승)검증을 할 수 있다.

- χ^2검증은 사회조사에서 매우 많이 사용되기 때문에 사회과학도들에게는 특히 유용할 수 있다.

- χ^2검증은 앞에서 공부한 t나 F검증에서처럼 평균치의 차이를 검증하는 것이 아니라 분포 형태의 차이를 검증하는 것이다.

- χ^2 검증에서는 유관표(contingency table)를 이해하는 것이 중요하다.

- 예를 들어 어떤 사회적 문제(사형제도의 폐지, 동성동본 혼인 허용...)에 대해 남녀별로 또는 연령별로 의견이 다를 수 있다.

- 그 예를 몇 가지 들어 유관표를 그려 보자.

[표 14.1] 사형제도 폐지에 관한 의견

	찬성	중립	반대	
남	40	20	80	140
여	30	30	40	100
	70	50	120	240

위 표의 수치는 빈도(인원수)이며 남자는 140명, 여자는 100명, 총 240명에게 찬반을 물을 것이다.

- 칸 바깥쪽의 합계들은 난외치(marginal)이고 칸 속의 수치는 관찰된 빈도들이다.

- 가정과 조건
  - 각 집단은 독립적이다.
  - 피험자들은 무선적, 독립적으로 선발되었다.
  - 각 관찰치는 한 범주에만 속한다.
  - r과 c가 2보다 클 경우는 각 칸의 기대빈도가 5 이상 되어야 하고, $r = c = 2$일 때는 모든 기대빈도가 10 이상이 되도록 표본의 크기는 상당히 커야 한다.

- 이러한 유관표에서 어떤 사람은 단 한 범주에만 속해야 한다.

- χ^2 검증이 평균치의 차이를 검증하는 것이 아니라 분포 형태의 차이를 검증하는 것이므로 이 관찰 빈도에 근거해서 기대 빈도를 계산해야 한다.

- 분포 형태가 다르지 않다(H_0)면 남자든 여자든 찬성 : 중립 : 반대가 난외치의 수치처럼 70 : 50 : 120으로 분포해야 된다.

−즉, 각 칸의 관찰 빈도를 O_{jk}라 하고 기대 빈도를 E_{jk}라 한다.

−분포가 다르지 않다면 남자 140명은 찬성 : 중립 : 반대에 70 : 50 : 120으로 분포하고, 여자 100명도 70 : 50 : 120으로 분포해야 한다.

−그러면

$$\text{남자 찬성: } 140 \times \frac{70}{240} = 40.83$$

$$\text{남자 중립: } 140 \times \frac{50}{240} = 29.17$$

$$\text{남자 반대: } 140 \times \frac{120}{240} = 70$$

$$\text{여자 찬성: } 100 \times \frac{70}{240} = 29.17$$

$$\text{여자 중립: } 100 \times \frac{50}{240} = 20.83$$

$$\text{여자 반대: } 100 \times \frac{120}{240} = 50$$

이 되어야 한다. 이것이 기대 빈도이다.

−즉, 기대 빈도의 계산은 특정 칸에 해당되는 두 난외치를 곱해서 전체 사례수로 나누면 그 칸의 기대 빈도가 된다.

−앞의 자료를 관찰 빈도와 기대 빈도를 함께 표시해 보면 다음과 같다.

[표 14.2] 관찰 빈도와 기대 빈도의 계산

	찬성	중립	반대	→ r
남	40 (40.83)	20 (29.17)	80 (70)	140
여	30 (29.17)	30 (20.83)	40 (50)	100
↓ c	70	50	120	240

−분포 형태가 많이 다를수록 관찰 빈도와 기대 빈도의 간격은 커지게 된

다. 그 간격이 어떤 것은 +이고 어떤 것은 −이므로 그냥 더하면 0이 되기 때문에 제곱해서 그 기대 빈도로 나눈 후 더해 준 것이 $\chi^2_{관찰}$이다.

— 즉, $\chi^2_{관찰} = \sum\limits_{j=1}^{r} \sum\limits_{k=1}^{c} \dfrac{(O_{jk} - E_{jk})^2}{E_{jk}}$ 이다.

— 여기서 $\begin{bmatrix} r\text{은 행의 수} \\ c\text{는 열의 수} \end{bmatrix}$ 이다.

— 위의 표에서

$$\chi^2_{관} = \frac{(40 - 40.83)^2}{40.83} + \frac{(20 - 29.17)^2}{29.17} + \frac{(80 - 70)^2}{70} + \frac{(30 - 29.17)^2}{29.17}$$

$$+ \frac{(30 - 20.83)^2}{20.83} + \frac{(40 - 50)^2}{50}$$

$$= 0.017 + 2.883 + 1.429 + 0.024 + 4.037 + 2 = 10.39$$

— χ^2검증에서의 자유도는 $(r-1)(c-1)$인데

?	?	?	?	×	△
?	?	?	?	×	△
×	×	×	×	×	△
○	○	○	○	○	

△와 ○와 같은 난외치를 안다면 ?의 칸의 빈도만 알면 나머지는 저절로 결정되기 때문이다.

— $\alpha = 0.5$, 양방검증에서 $\chi^2_{임} = 5.99$이다. (부록 $\chi^2_{임}$)

— 우리가 계산한 값은 $\chi^2_{관} = 10.39$이다.

— $\chi^2_{관} > \chi^2_{임}$이므로 H_0(분포는 다르지 않다)를 기각하고 분포는 다르다고 결론 짓는다.

— 분포가 다른데 어떻게 다른지는 표를 보면서 해석해야 한다. 즉, 여자는 찬성, 반대, 중립에 골고루 분포하고 있으나, 남자는 반대쪽에 많이 몰려 있어서(즉, 남자는 사형제도에 반대하는 사람이 많아서) 분포에 차이가 있었다.

– 요약하면 관찰 빈도에서 난외치를 계산하고 그 난외치에 근거하여 기대 빈도를 계산한다. 그리고 나서 각 칸의 $(O_{jk} - E_{jk})$를 제곱하여 $(O_{jk} - E_{jk})^2$를 계산하고 다시 그 칸의 기대 빈도를 나눈 것 $\dfrac{(O_{jk} - E_{jk})^2}{E_{jk}}$을 모두 더해 주면 $\chi^2_{\text{관}} = \sum\sum \dfrac{(O_{jk} - E_{jk})^2}{E_{jk}}$이 된다.

– 이 $\chi^2_{\text{관찰치}}$와 $\chi^2_{\text{임계치}}$를 비교하여 임계치보다 관찰치가 크면 H_0를 기각하고 분포 형태는 다르다고 결론짓고 표를 보면서 해석하면 된다.

– 이때 주의할 점은 표의 임계치가 자유도가 클수록 임계치도 커진다는 사실이다.

– 이는 자유도가 커질수록 더 많은 $\dfrac{(O_{jk} - E_{jk})^2}{E_{jk}}$ 항들이 더해지기 때문에 임계치도 커지는 것이다.

– 이번에는 행과 열의 수가 좀 많은 예를 들어 보자.

– 동성동본 혼인 허용에 관한 여론조사에서 다음 결과를 얻었다고 해보자.

[표 14.3] 동성동본 혼인 허용에 대한 연령별 의견

연령	매우 반대	반대	중립	찬성	매우 찬성	
20대	0 (25)	20 (22.5)	20 (15)	20 (22.5)	40 (15)	100
30대	50 (30)	40 (27)	20 (18)	10 (27)	0 (18)	120
40대	40 (20)	20 (18)	10 (12)	10 (18)	0 (12)	80
50대 이상	10 (25)	10 (22.5)	10 (15)	50 (22.5)	20 (15)	100
	100	90	60	90	60	400

– χ^2검증을 하기 전에 표를 잘 살펴보면 20대는 찬성하는 경향이 강하지만, 30대와 40대는 찬성이 거의 없고 반대가 매우 강한 경향이 있으나, 50대

이상은 다시 찬성 쪽으로 기우는 것을 볼 수 있다. 즉, 연령대별로 동성동본 혼인 허용에 대한 태도가 다른데 특히 30－40대가 반대가 강한 경향이 있다.

$$-\chi_{관}^2 = \sum_{j=1}^{r}\sum_{k=1}^{c}\frac{(O_{jk}-E_{jk})^2}{E_{jk}} = \frac{(0-25)^2}{25}+\frac{(20-22.5)^2}{22.5}+\cdots+$$

$$\frac{(50-22.5)^2}{22.5}+\frac{(20-15)^2}{15}$$

$$= 206.41$$

－이 경우 자유도는 $(r-1)(c-1) = 4 \times 3 = 12$이다.

－$\alpha = .05$, 양방검증, $df = 12$에서 $\chi_{임}^2 = 21.03$이다.

－$\chi_{관}^2 = 206.41 > \chi_{임}^2 = 21.03$이므로 분포가 다르지 않다는 영가설을 기각하고 분포가 다르다고 결론짓고 표를 보면서 해석하면 된다. 즉, 30~40대는 반대가 매우 강한 편이고, 20대와 50대 이상은 찬성 쪽이 강하다.

연습문제

문제

① χ^2은 무엇을 검증하는가?

② 유관표에서의 각 칸에 어떤 사례가 두 군데 이상에 들어가도 되는가?

③ H_0(분포형태에 차이가 없다)하에서의 기대빈도를 계산하는 방식은?

④ 젊은 남녀가 배우자를 선택할 때 가장 중요하게 생각하는 것이 어떤 것인지를 물어 보았더니 다음과 같은 결과가 나왔다. 결과를 분석하고 해석해 보라.

성별	외모	경제력	성격	학벌	기타
남	60	20	30	15	15
여	20	80	30	30	20

연습문제와 답

문제

① 표집오차란 무엇인가?

② 영가설(H_0)이란?

③ 두 집단 설계를 하는 이유?

답

① 표집(sampling)오차란 표본을 선정하는 과정에서 생기는 오차를 말한다. 예를 들면, 중학교 2학년 학생들의 키를 알아보기 위해 무선적으로 50명을 선정하더라도, 그때 키가 큰 학생들이 많이 선정될 수 있는 것이다.

② 처치효과가 있는지를 알아보기 위해 잠정적으로 처치는 효과가 없다고 가정하는 것이다. 그렇다면 관찰된 효과는 순전히 표집오차 때문인 것이다.

③ 비교(통제)를 위해서이다. 한 집단에는 처치를 가하고 다른 집단에는 처치를 가하지 않는 것 외에 모든 측면에서 동등함을 가정하고 처치효과를 검토하는 것이다. 한 집단만 사용하여 처치를 하기 전과 한 후를 비교하는 연구는 여러 가지 효과가 혼입되어(예: 적응효과, 시간... 등) 처치효과를 평가하기 어렵다.

문제

* 다음 개념들을 설명하라.

① 변인

② 4가지 측정척도와 그 특성

③ 절대 영점

④ 신뢰도와 타당도

⑤ 조작주의와 조작적 정의

⑥ 전집(모집단)과 표본

⑦ 표집

답

① 다른 값을 취할 수 있는 대상들의 집합

② 명명척도: 구분
  서열척도: 구분＋순서
  등간(간격)척도: 구분＋순서＋크기
  비율척도: 구분＋순서＋크기＋절대 영점

③ 대상의 속성이 존재하지 않는 것. 0g은 무게가 없는 것을 의미한다. 0℃는 온도
  가 없는 것이 아니라 물이 어는점을 말한다. 절대 온도 0℃는 −273℃로 온도가
  없는(분자운동이 0) 것을 의미한다.

④ 신뢰도: 측정의 오차가 작은 것은 신뢰로운 측정치임.
  타당도: 측정코자 의도했던 내용을 측정해 내는 정도.

⑤ 조작주의는 조작적으로 정의될 수 없는 개념은 과학에서 추방해야 한다는 입장

이고, 조작적 정의란 어떤 개념의 의미를 규정할 때 눈에 보이는 측정 절차나 조작에 따라 규정하는 것이다.

예: 지능 ⇒ X가 만든 간편지능검사의 점수

⑥ 전집: 관심의 대상이 되는 모든 대상이나 사상들의 집합

표본: 전집에서 추출된 하위 집단으로 실제로 측정되는 대상임.

⑦ 표집(sampling): 모집단에서 표본을 추출해 내는 과정임. 동사적 의미를 지닌다.

✍ 3장. 합의 기호

문제

* 다음 표의 자료를 보고 문제의 답을 구하라.

학생	국어(X)	영어(Y)	수학(Z)
1	9	8	7
2	6	4	5
3	8	6	2
4	7	5	0
5	4	7	3

① $\displaystyle\sum_{i=1}^{5} X_i$

② $\displaystyle\sum_{i=3}^{5} Y_i$

③ $\displaystyle\sum_{i=1}^{4} Z_i$

④ $\displaystyle\sum_{i=1}^{5} (X_i + Y_i + Z_i)$

⑤ $\displaystyle\sum_{i=1}^{3} (X_i + Z_i)$

⑥ $\displaystyle\sum_{i=1}^{5} 3 \cdot Z_i$

⑦ $\displaystyle\sum_{i=1}^{5} Z_i^2$

⑧ $\left(\sum X_i\right)^2$

⑨ $\sum X_i + \sum 2Y_i$

⑩ $\displaystyle\sum_{i=1}^{5} X_i \cdot Z_i$

⑪ $\displaystyle\sum_{i=1}^{5} (X_i + 2Y_i + 3)$

⑫ $\displaystyle\sum_{i=1}^{5} 8$

⑬ $\displaystyle\sum_{i=1}^{3} 4 \cdot X_i \cdot Y_i$

4장. 분포

문제

① 상대빈도

② 편포도

③ 변산성

④ 평균치의 특성

⑤ 다음 항목의 명칭과 의미를 설명하라.

   a. $(X_i - \overline{X})$

   b. $(X_i - \overline{X})^2$

   c. $\sum (X_i - \overline{X})^2$

   d. $\sum (X_i - \overline{X})^2 / N - 1$

⑥ 다음의 자료에서 국어(X), 영어(Y), 수학(Z)의 변량과 표준편차를 계산해 보라. (정의공식으로도 해보고 계산공식으로도 해보라.)

학생	국어(X)	영어(Y)	수학(Z)
1	10	8	5
2	8	7	2
3	6	4	3
4	9	2	3
5	8	6	6
6	7	3	4

![답]

① 전체 사례수를 1로 보았을 때의 빈도의 비율, 즉 상대빈도를 모두 더하면 1이 된다.

② 점수들이 좌우대칭이 아니라 한쪽으로 치우쳐 분포하는 것으로 꼬리가 늘어진 방향에 따라 정적 편포, 부적 편포라 한다.

③ 점수들이 서로 다른 정도, 또는 점수들이 흩어진 정도, 또는 점수들이 평균에서 떨어진 정도를 의미하는 개념적인 것이다. 이 변산성을 수량화한 것이 범위, 4분편차, 표준편차, 평균편차와 같은 것들이다.

④ 1) $\bar{X} = \sum X / N$

2) $\sum (X_i - \bar{X}) = 0$

3) $\sum (X_i - \bar{X})^2$ 이 $\sum (X_i - c)^2$ 보다 작다.

4) 극단적인 점수치의 영향을 받는다.

⑤ a. $(X_i - \bar{X})$: 편차(deviation) ······ 내 점수에서 평균까지의 거리

b. $(X_i - \bar{X})^2$: 편차의 제곱 ······ 내 점수의 면적

c. $\sum (X_i - \bar{X})^2$: 편차의 제곱합, 자승화, SS(Sum Square) ······ 총 면적

d. $\sum (X_i - \bar{X})^2 / N - 1$: 평균자승화, MS(Mean Square), 분산, 변량(Variance)
······ 한 점수당 평균 면적

⑥ $s_x{}^2 = 2$ $s_x = 1.41$

$s_y{}^2 = 5.6$ $s_y = 2.37$

$s_z{}^2 = 2.17$ $s_z = 1.47$

문제

① 어떤 분포에서 특정 점수의 백분위는 그 점수(아래쪽, 위쪽)에 있는 비율을 의미한다.

② 어떤 점수(X_i)를 표준점수(z_i)로 바꾸는 공식은 어떻게 되는가? 그 표준점수의 의미는 무엇이고, 어떤 특성을 보이는가?

③ 정상분포는 어떤 분포인가? 현실에서 정상분포는 존재하는가?

④ 표준정상(z)분포의 특징을 설명하고, 그 분포를 이용하기 위한 조건을 두 가지 언급해 보라.

⑤ 평균이 80이고 표준편차가 10인 정상분포, 즉 $N(80, 10)$일 경우, $n = 1$명을 뽑았을 때,
   a. 그 점수가 90점 이상이 될 확률은?
   b. 그 점수가 75점~90점 사이가 될 확률은?
   c. 그 분포에서 85점의 백분위는?

⑥ 어떤 시험을 보았더니 그 평균이 65점이고 표준편차가 5점이었다. 평균이 100이고 표준편차가 15인 분포가 되게 하려면 어떻게 해야 하는가?

⑦ 국어(X), 영어(Y), 수학(Z) 시험을 보았는데, 세 학생의 점수는 다음과 같았다. 세 학생을 비교해 보라.

학생	국어(X)	영어(Y)	수학(Z)
1	50	60	40
2	60	30	60
3	70	50	30
⋮			
	$\overline{X} = 50$	$\overline{Y} = 45$	$\overline{Z} = 40$
	$s_x = 10$	$s_y = 8$	$s_z = 5$

① 아래쪽

② $z_i = \dfrac{X_i - \overline{X}}{s_x}$

- 편차$(X_i - \overline{X})$를 그 분포의 표준편차(s_x)로 나눈 단위 수(즉, 표준편차 단위의 점수)이다.
- 모든 점수를 표준점수로 바꾸어 주면 그 평균은 0이 되고 표준편차는 1이 된다$(\overline{z} = 0,\ s_z = 1)$.
- 점수를 바꾸더라도 분포의 모양은 달라지지 않는다.
- 평균이 0, 표준편차가 1이기 때문에 상이한 척도의 비교가 용이하다.

③ 좌우대칭의 종 모양이며 $\overline{X} = Mdn = Mo$가 같고, 점근선을 지니는 이론적 분포이다. 현실에는 존재하지 않는다.

④ 표준정상분포는 평균이 0이고, 표준편차가 1인 특수한 정상분포로 곡선하의 면적이 1이 되도록 만들어진 분포이다. 이 분포를 이용하려면 표본이 추출된 전집 분포가 정상분포임을 가정할 수 있어야 하고, 표본의 사례수가 충분$(n \geq 30)$해야 한다.

⑤ a. .1587
   b. .5328
   c. .6915

⑥ $15 \times \left[\dfrac{X_i - 65}{5} \right] + 100$

⑦ 학생1: $0 + 15/8 + 0 = +1.875$
   학생2: $1 - 15/8 + 4 = +3.125$
   학생3: $2 + 5/8 - 2 = +0.625$
   2번 학생이 가장 우수하고 1번, 3번 학생순이다.

✈ 6장. 회귀와 상관

문제

① 두 변인 사이의 관계성이 강할수록 산포도의 그림은 어떻게 되는가?

② 산포도의 가운데를 관통하는 회귀선 $\hat{Y}$는 최소자승기준에 따라 결정되는 데 최소자승기준이란 무엇인가?

③ 다음 요소들은 무엇을 의미하는지 산포도의 그림에서 설명해 보라.

   a. $(Y_i - \hat{Y})$

   b. $(Y_i - \hat{Y})^2$

   c. $\sum(Y_i - \hat{Y})^2$

   d. $\sum(Y_i - \hat{Y})^2/N$

   e. $\sum(Y_i - \hat{Y})^2/N-2$

④ x에 근거해서 y를 예언할 때의 추정치의 표준오차 $s_{y \cdot x}$는

$\sqrt{\sum(Y_i - \hat{Y})^2/N-2}$ 로 표시되는데, $N-2$로 나누는 이유는?

⑤ 수학(X)과 과학(Y) 간의 관계성은 $\hat{Y}= 0.8X + 15$라 하고 $s_{y \cdot x}{}^2 = 25$라 하자.

   5-1) 수학 50점 맞은 학생은 과학 몇 점으로 예언되는가?

   5-2) 수학 50점 맞은 학생의 과학 점수가 50~55점 사이일 확률은?

   5-3) 수학 50점 맞은 학생의 과학 점수의 95% 신뢰구간은?

   5-4) 그 학생의 과학 점수의 68% 신뢰구간은?

   5-5) 그 학생의 과학 점수의 80% 신뢰구간은?

⑥ 두 변인 간의 관계성의 정도를 나타내는 *Pearson*의 적률상관계수의 정 의공식과 그 의미를 설명하시오.

⑦ 두 산포도에서 $s_{y \cdot x}$가 동일하다면 전체 변량이 큰 경우(A)와 작은 경우

(B)에서 어느 경우에 상관계수가 큰가? 그 이유를 설명해 보라.

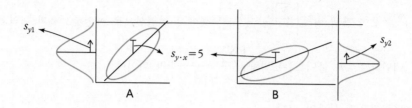

⑧ 수학(X)과 과학(Y) 간의 상관이 .5라는 ($r = .5$)라는 의미를 변량적으로 해석해 보라.

답

① 날씬(홀쭉)해진다.

② $\sum(Y_i - \hat{Y})^2$이 최소가 되도록 하는 기준. 즉 개인의 Y_i점수에서 회귀선($\hat{Y}$)까지의 거리는 오차인데 그 오차들의 제곱합(총 오차면적)이 최소가 되도록 하는 기준이다.

③ a. 회귀선으로 예언했을 때 생기는 오차 길이
b. 오차 길이의 제곱, 즉 개인의 오차 면적
c. 개인들의 오차 면적의 총합, 즉 총 오차 면적
d. 1인당 평균 오차 면적
e. 예언에서의 오차 변량. d와 같은 것이나 분모가 N이 아닌 $N-2$(자유도)라는 것이 다름.

④ 자유도로 나누는 것이 더 적절함. 회귀나 상관에서의 자유도는 $N-2$이다. (회귀선이 결정되기 위해서는 두 점이 필요하므로 산포도에서 자유롭게 변할 수 있는 요소의 수는 $N-2$개이다.)

⑤ 5-1) 55점
5-2) .3413
5-3) 45.2~64.8
5-4) 50~60
5-5) 48.6~61.4

⑥ $r = \sqrt{\dfrac{\sum(\hat{Y}-\bar{Y})^2}{\sum(Y_i-\bar{Y})^2}}$, $r^2 = \dfrac{\sum(\hat{Y}-\bar{Y})^2}{\sum(Y_i-\bar{Y})^2}$

r^2은 Y의 전체 변량 $\left[\dfrac{\sum(Y_i-\bar{Y})^2}{N-2}\right]$ 중에서 회귀선으로 예언함으로써 예언되는

(예언함으로써 줄어드는) 변량 $\left[\dfrac{\sum(\hat{Y}-\bar{Y})^2}{N-2}\right]$의 비이다.

⑦ A의 경우가 상관이 크다.

$r^2 = 1 - \dfrac{s_{y\cdot x}{}^2}{s_y{}^2}$으로 표시될 수도 있는데, $s_{y\cdot x}{}^2$가 25로 동일하다면$(s_{y\cdot x}=5)$ $[A:s_y=12,\ B:s_y=8]$로 생각해서 대입해 보면 A의 상관계수가 더 큼을 알 수 있다.

⑧ 과학 점수의 전체 변량 중에서 $r^2 = 25\,(r=.5)$이므로 25%의 변량은 수학 점수 차이 때문에 생긴 것이라는 의미이다. 즉, $r^2 = \dfrac{\text{예언가능 변량}}{\text{전체 변량}}$의 비이기 때문이다.

✎ 7장. 표집과 표집분포

문제

① a. 표본분포(sample distribution)

b. 전집분포(population distribution)

c. 표집분포(sampling distribution)을 구분하고 표집분포의 의미를 설명해 보라.

② 표집분포가 정상분포를 이루는 조건 두 가지는?

③ 중심극한정리(cental limit theorem)이란?

④ $\mu=50$, $\sigma=10$인 정상분포의 모집단에서

4-1) 56 이상인 사람이 뽑혀 나올 확률?

4-2) 48~56 사이의 사람이 뽑혀 나올 확률?

⑤ 평균이 100이고 표준편차가 15인 정상분포를 이루는 모집단에서
  5-1) $n = 1$명을 뽑았을 때 그 값이 85 이상일 확률?
  5-2) $n = 4$명을 뽑았을 때 그 평균치가 105 이상일 확률?
  5-3) $n = 25$명을 뽑았을 때 그 평균치가 98~105 사이일 확률?

답

① a. 표본분포: 모집단에서 선정된 n개의 사례수들이 이루는 분포
       평균은 $\overline{X}$, 표준편차는 s_x로 표시한다.
  b. 전집분포: 모집단(전집) 전체의 구성원들로 이루어지는 분포
       평균은 μ, 표준편차는 σ로 표시된다.
  c. 표집분포: 모집단에서 크기 n인 표본들을 무수히 선정하였을 때, 그 평균치
       들이 이루는 분포. 이론적 분포이다.
       그 평균치는 μ, 표준편차는 $\sigma_{\overline{x}}$로 표시되며, $\sigma_{\overline{x}} = \dfrac{\sigma_x}{\sqrt{n}}$이 된다.

② 1) 모집단 분포가 정상분포
  2) 모집단 분포가 정상분포가 아니더라도 표본의 크기 n이 증가하면 정상분포
     에 근접한다.

③ $\overline{X}$들의 표집분포는 n이 커짐에 따라 그 평균은 μ, 표준편차는 $\dfrac{\sigma}{\sqrt{n}}$에 근접해
  간다.

④ 4-1)   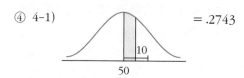 $= .2743$

  4-2)   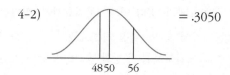 $= .3050$

⑤ 5-1) 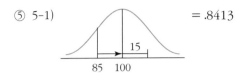 = .8413

5-2) = .2514

5-3) = .6969

8장. 가설검증의 용어와 논리

문제

① 통계적 검증이 대상이 되는 것은 H_1이 아니라 H_0인 이유는?

② 방향적 검증과 비방향적 검증은 어떤 경우에 사용하는가?

③ 통계적 검증에 필수 수반되는 두 종류의 오류를 설명해 보라.

④ 의의도 수준을 [$\alpha = .05$. $\alpha = .01$, $\alpha = .001$] 선정하는 데 고려해야 할 것은 무엇인가?

답

① H_0는 '처치효과가 없다'이고 H_1은 '처치효과가 있다'인데, 처치효과가 있다는 것을 안다면 가설검증을 할 필요도 없을 것이다. 또 설령 처치효과가 있다 하더라도 그 크기가 얼마인지를 알 수 없으니 표집분포를 구성할 수 없어 확률 계산이 불가능하다. 그래서 H_0를 검증하는 것이다.

② 보통 비방향적(양방) 검증을 하면 된다. 방향적(일방) 검증은 선행 연구가 특정한 방향을 시사해 주거나, 뚜렷한 경험적 증거가 있을 때 사용한다.

③ I종 오류는 H_0가 사실인데도 불구하고 확률이 작다고(100 중 5도 안 된다고) H_0를 기각하는 오류이다. II종 오류는 대립가설이 맞고 영가설이 틀리는 데도 불구하고 H_0를 기각하지 못하는 오류이다.

④ I종 오류와 II종 오류 중 어느 것을 더 중시하느냐에 따라 유의도 수준을 선정할 수 있다. I종 오류를 낮추기를 원한다면 $\alpha = .001$ 쪽을 II종 오류를 줄이려 한다면 $\alpha = .05$ 쪽을 선택할 수 있다.

✎ 9장. 단일 표본 t 검증

문제

① z분포와 t분포는 어떻게 다른가?

② 사람들은 평균적으로 10분 동안 10개의 무의미 철자를 외울 수 있다. 25명의 사람을 무선적으로 뽑아 특정 소음 속에서 10분간 학습을 시킨 결과 8.8개의 무의미 철자를 기억했으며, 표준 편차는 2.2였다. 소음이 무의미 철자를 기억하는 데 영향을 주었는지 결과를 분석하고 해석해 보라.

답

① z분포는 무한한 사례수에 근거한 이론적인 정상분포이며 한 가지 종류만 있다. 그러나 t분포는 사례수(정확히는 자유도)에 따라 분포의 모양이 달라지는 것을 반영하여 무수히 많다. 즉, 자유도에 따라 조금씩 다른 확률을 계산해 놓은 것이다. t분포에서 자유도가 충분히 커지면 z분포의 값과 같다.

② $t_\text{관} = -2.73$로 $df = 24$에서 $t_\text{임}(\alpha = .05, 양방) = \pm 2.064$이고 -2.064보다 작기 때문에 H_0을 기각한다. 특정 소음은 무의미 철자 기억을 유의미하게 낮춘다.

문제

① 상관집단이란 어떤 집단을 말하는가?

② matching이란 어떻게 하는 것인가?

③ 성장 시 부모가 모두 살아 있는 가정에서 자란 아동과 편부모 밑에서 자란 아동들 간에 불안에서 차이가 있는지를 알아보고자 하였다. 정상 가정 아동($n_1 = 20$)과 편부모 가정 아동($n_2 = 18$)을 대상으로 불안검사를 하여 다음 결과를 얻었다.

　－정상 가정 아동　　　　$n_1 = 20,\ \overline{X_1} = 35,\ s_1{}^2 = 18$

　－편부모 가정 아동　　　$n_2 = 18,\ \overline{X_2} = 40,\ s_2{}^2 = 20$

결과를 분석하고 해석해 보라.

④ 어떤 연구자는 스트레스가 위궤양에 미치는 효과를 보기 위해 10쌍의 원숭이를 대상으로 연구하였다. Ⅰ집단의 집행 원숭이는 일정한 시간 간격으로 버튼을 눌러야 전기 쇼크를 피할 수 있었고, 버튼 누르기에 실패하면 전기 쇼크를 받도록 되어 있었다. Ⅱ집단의 연계 원숭이에게는 쇼크를 피하기 위한 버튼은 주어지지 않았고, Ⅰ집단의 원숭이와 연계되어 있어서 Ⅰ집단의 원숭이와 똑같은 시간에 똑같은 양의 전기 쇼크를 받도록 되어 있었다. 즉, Ⅰ집단의 원숭이가 잘하면 함께 쇼크를 안받을 수 있었고, Ⅰ집단 원숭이가 잘못하면 함께 전기 쇼크를 받게 되어 있었다. 일정 기간 동안 그런 경험을 시킨 후에 위장에 생긴 궤양의 정도를 측정하여 다음 결과를 얻었다. 결과를 분석하고 해석해 보라. (수치는 위궤양의 크기임, 단위는 ㎜)

원숭이쌍	I 집단	II 집단
1	50	45
2	40	30
3	20	15
4	35	38
5	25	10
6	10	15
7	45	35
8	38	32
9	24	20
10	46	48

답

① 두 집단의 측정치들이 관련되어 있는 것(독립적이지 못한 것)이다. 반복 측정이나 matching이 그 예이다.

② matching이란 연구를 시작하기 전에 두 집단 간의 동등함(특정 측면에서)을 확신하기 위해 피험자를 짝지워서 각 집단에 배정하는 통제 기법이다.

③ $t_{관} = 3.54$로 $df = 36$에서 $t_{임}(\alpha = .05,$ 양방$) = 2.042$보다 크므로 두 집단 간에 유의미한 차이가 있었다. 즉, 편부모 가정 아동(40)보다 정상 가정 아동의 불안점수가 35점으로 유의미하게 낮았다.

④ $t_{관} = \dfrac{\sum D_i}{\sqrt{\dfrac{N\sum D_i^2 - (\sum D_i)^2}{N-1}}} = \dfrac{45}{\sqrt{\dfrac{10 \times 565 - 2025}{9}}} = \dfrac{45}{20} = 2.25$

$t_{관} = 2.25$로 $df = 9$에서 $\alpha = .05$, 양방검증에서의 임계치 $t_{임} = 2.262$보다 작아 H_0를 기각하지는 못했으나, I 집단이 II 집단보다 궤양이 많은 뚜렷한 경향은 보여 주었다.

🪑 11장. 상관계수에 관한 검증

문제

① 수학 점수와 과학 점수의 상관이 남학생과 여학생에게서 다음과 같았다.
   - 남학생($n_1 = 27$), $r_1 = .40$
   - 여학생($n_2 = 22$), $r_2 = .35$

   결과를 분석하고 해석해 보라.

답

① 수학과 과학 간의 상관이 남학생의 경우는 통계적으로 유의미한 상관이었고, 여학생의 경우는 통계적으로 유의미하지는 못하였다. 두 상관계수 간의 차이 검증 결과 둘 간에는 유의미한 차이가 없었다. 즉, 남학생과 여학생의 수학-과학 간의 상관은 차이가 없으며, 뚜렷한 상관이 있는 경향성을 보였으나 남학생의 경우는 통계적으론 유의했고, 여학생의 경우는 통계적으로 유의하지는 못하였으나, 관계성이 있는 경향이 뚜렷하였다.

🪑 12장. 일원변량분석

문제

① 전체 편차는 $(X_{ij} - \overline{X_{..}})$로 표시된다. 집단 내 편차와 집단 간 편차도 표시해 보고 전체편차＝집단 내 편차＋집단 간 편차가 됨을 확인해 보라.

②

	I	II	III	전체
	8	10	12	
	4	5	11	
	6	12	8	
	2	4	9	
	5	4	5	
합계	25	35	45	105
평균	5	7	9	7

2-1) Ⅲ집단의 첫 번째 점수(12)의 편차를 분할해 보라.

2-2) Ⅰ집단의 네 번째 점수(2)의 편차를 분할해 보라.

2-3) $\sum\sum(X_{ij}-\overline{X}_{..})^2$, $\sum\sum(X_{ij}-\overline{X}_{.j})^2$, $\sum\sum(\overline{X}_{.j}-\overline{X}_{..})^2$을, 즉 $SS_{전}$, $SS_{내}$, $SS_{간}$을 계산해 보라.

2-4) 각 집단의 모든 점수들이 평균점이라 생각하고(Ⅰ집단은 모두 5점, Ⅱ집단은 모두 7점, Ⅲ집단은 모두 9점), $SS_{전}$, $SS_{내}$, $SS_{간}$을 계산해 보라.

2-5) 위 표에서 Ⅲ집단의 모든 점수에 5점씩 더해 주면 다음과 같다.

I	II	III
8	10	17
4	5	16
6	12	13
2	4	14
5	4	10

$SS_{전}$, $SS_{내}$, $SS_{간}$을 계산해보라.

2-6) 집단 간 변량과 집단 내 변량을 설명해 보고 2-3), 2-4)를 비교하여 확인해 보라.

③ 집단 간 변량(편차)과 집단 내 변량(편차)은 왜 나타나는가?

④ 변량분석에서 편차의 분할과 상관(회귀)에서 편차의 분할을 비교해 보라.

⑤ 조명 수준에 따른 생산량이 다음과 같았다. 결과를 분석하고 해석해 보라.

조명(집단)	I (10w)	II (50w)	III (100w)	IV (200w)
	3	8	12	3
	8	9	11	5
	7	7	9	4
	4	10	14	7
	5	6	13	5
	9	7		

답

① 집단 내 편차: $(X_{ij} - \overline{X_{.j}})$

　 집단 내 편차: $(X_{.j} - \overline{X_{..}})$

② 2-1) $(X_{ij} - \overline{X_{..}}) = (X_{ij} - \overline{X_{.j}}) + (\overline{X_{.j}} - \overline{X_{..}})$

　　　 (전체) = (집단 내) + (집단 간)

　　　 $(12-7) = (12-9) + (9-7)$

　 2-2) $(2-7) = (2-5) + (5-7)$

　 2-3) $SS_{전} = 146$, $SS_{내} = 106$, $SS_{간} = 40$

　 2-4) $SS_{전} = 40$, $SS_{내} = 0$, $SS_{간} = 40$

　 2-5) $SS_{전} = 329.3$, $SS_{내} = 106$, $SS_{간} = 223.3$

　　　 2-3)과 비교해 보면 $SS_{내}$는 변화가 없고 $SS_{간}$이 40 → 223.3으로 많이 증가하였음을 볼 수 있다.

　 2-6) 집단 간 변량은 $(\overline{X_{.j}} - \overline{X_{..}})$라는 간 편차에 근거하며, 여기서 $\sum\sum(\overline{X_{.j}} - \overline{X_{..}})^2$라는 $SS_{간}$이 계산되고, 다시 여기서

$$\frac{\sum\sum(\overline{X_{.j}} - \overline{X_{..}})^2}{df_{간}} = \frac{\sum\sum(\overline{X_{.j}} - \overline{X_{..}})^2}{p-1(2)} = MS_{간}, \text{ 즉 집단 간 변량이 나온다.}$$

집단 내 변량은 $(X_{ij} - \overline{X_{.j}})$라는 내 편차에 근거하며, 여기서 $\sum\sum(X_{ij} - \overline{X_{.j}})^2$이라는 $SS_{내}$가 계산되고, 다시 여기서

$$\frac{\sum\sum(X_{ij} - \overline{X_{.j}})^2}{df_{내}} = \frac{\sum\sum(X_{ij} - \overline{X_{.j}})^2}{p(n-1)} = MS_{내}, \text{ 즉 집단 내 변량이 나온다.}$$

2-3)과 2-4)를 비교해 보면, 2-4)에서는 집단 내 변량이 0임을 알 수 있다.

③ 집단 내 변량 ⇒ 오차 때문

집단 간 변량 ⇒ (처치효과＋오차) 때문이다.

④ 변량분석: $(X_{ij} - \overline{X}_{..}) = (X_{ij} - \overline{X}_{.j}) + (\overline{X}_{.j} - \overline{X}_{..})$

회귀: $(Y_i - \overline{Y}) = (Y_i - \hat{Y}) + (\hat{Y} - \overline{Y})$

즉, 변량분석에서는 전체 편차＝집단 내 편차(오차 반영)＋집단 간 편차(처치 효과＋오차 반영)로 나뉘며, 회귀에서는 전체 편차가 예언하고도 남은 오차와 예언함으로써 줄일 수 있는 오차(즉, 예언불가능＋예언가능 오차)로 나뉜다.

⑤ 조명 수준에 따른 생산량의 변량분석표

변량원	df	SS	MS	F
집단 간	3	143.02	47.67	13.74**
집단 내	18	62.43	3.47	
전체	21	205.45		

**: $p < .01$

변량분석 결과, 집단 간에 유의한 차이가 있었다. 가장 어두운 10w 조건에서는 평균 6이었으나 조명이 50w(평균 7.83) → 100w(평균 11.8)으로 밝아질수록 생산량이 급격히 증가하였다. 너무 밝아지는 200w 조건에서는 4.8로 뚝 떨어졌다. 즉, 조명이 100w 정도까지는 밝을수록 생산량이 증가되나 너무 밝으면 오히려 줄어드는 역효과를 나타내었다.

🪓 13장. 이원변량분석

문제

① X_{ijk}의 의미는?

② $\overline{X}_{.j.}$의 의미는?

③ 다음 표를 보고 답하라.

	b_1	b_2	b_3	
a_1	$\overline{X}_{.11}$	$\overline{X}_{.12}$	$\overline{X}_{.13}$	a
a_2	$\overline{X}_{.21}$	$\overline{X}_{.22}$	$\overline{X}_{.23}$	b
	c	d	e	f

3-1) a, b, c, d, e, f의 칸에 평균치를 표기법대로 써 넣으시오.

3-2) a와 b를 비교하는 것은 무슨 효과를 보는 것인가?

3-3) c, d, e를 비교하는 것은 무슨 효과를 보는 것인가?

④ 상호작용효과란?

⑤ 다음의 가상적 자료들에서 SS_A, SS_B, SS_{AB}, $SS_{내}$를 계산하고 비교해 보라.

X

	b_1	b_2
a_1	5	4
	2	3
	3	4
	5	5
a_2	4	6
	3	4
	4	3
	3	5

Y

	b_1	b_2
a_1	5	14
	2	13
	3	14
	5	15
a_2	4	16
	3	14
	4	13
	3	15

Z

	b_1	b_2
a_1	5	14
	2	13
	3	14
	5	15
a_2	4	6
	3	4
	4	3
	3	5

⑥ 암수의 쥐들에게 인삼을 투여하고 미로학습에서의 오류수를 측정하여 다음과 같은 결과를 얻었다. 결과를 분석하고 해석해 보라.[그림, 중간수치, 변량분석표, 해석 포함]

성별 \ 투여량	0mg	10mg	20mg
우쥐	12	8	17
	8	5	16
	11	6	14
	9	4	10
	13	7	14
숫쥐	14	15	8
	10	18	5
	8	12	4
	10	14	6
	12	11	8

답

① A변인의 j번째 B변인의 k번째 수준이 교차하는 jk번째 집단의 i번째 점수

② A변인의 j번째 수준의 평균치(B변인의 수준은 무시한 것임)

③ 3-1) a. $\overline{X_{.1.}}$ b. $\overline{X_{.2.}}$ c. $\overline{X_{..1}}$ d. $\overline{X_{..2}}$ e. $\overline{X_{..3}}$ f. $\overline{X_{...}}$

   3-2) A효과

   3-3) B효과

④ 한 변인의 효과가 다른 변인의 각 수준에서 다른 스타일로 나타나는 것. 즉, 그림으로 보았을 때 교차하는 정도가 클수록 상호작용효과도 크다.

⑤ X
$$SS_A = 0.0625$$
$$SS_B = 1.5625$$
$$SS_{AB} = 0.5625$$
$$SS_{내} = 14.75$$

    Y
$$SS_A = 0.0625$$
$$SS_B = 451.5625$$
$$SS_{AB} = 0.5625$$
$$SS_{내} = 14.75$$

    Z
$$SS_A = 95.0625$$
$$SS_B = 126.5625$$
$$SS_{AB} = 85.5625$$
$$SS_{내} = 14.75$$

$X \rightarrow Y$에서 SS_B만 달라지는 것을 주목하라.

X Y Z에서 $SS_{내}$는 달라지지 않는 것을 주목하라.

⑥ 중간수치 (Ⅰ) = 3182.7

(Ⅱ) = 3625

(Ⅲ) = 3182.73

(Ⅳ) = 3185.3

(Ⅴ) = 3505.4

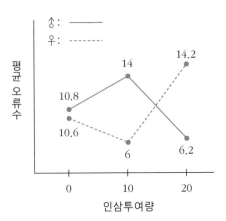

성별과 인삼투여량에 따른 변량분석표

변량원	df	SS	MS	F
성별(A)	1	0.03	0.03	0.01
인삼투여량(B)	2	2.60	1.30	0.26
A×B	2	320.07	160.04	32.14**
집단 내	24	119.60	4.98	
전체	29	442.30		

**: $p < .01$

해석: 성별×인삼투여량의 상호작용이 1% 수준에서 유의하였다. 암쥐와 숫쥐에
서 인삼투여량의 효과는 다른 형태로 나타났다. 즉, 암쥐의 경우는 투여하
지 않았을 때의 평균 오류수가 10.6개였는데 조금 투여하니까 6개로 많이
줄었다. 많이 투여하면 오히려 투여하지 않을 때보다 오류수가 증가하였
다. 그러나 숫쥐의 경우는 조금 투여하면 오류가 다소 증가하다가 많이 투
여하면 오류가 줄어들었다. 즉, 암쥐에게는 조금(10mg), 숫쥐에게는 많이
(20mg) 투여하는 것이 효과적인 것으로 나타났다.

14장. χ^2검증

문제

① χ^2은 무엇을 검증하는가?

② 유관표에서의 각 칸에 어떤 사례가 두 군데 이상에 들어가도 되는가?

③ H_0(분포형태에 차이가 없다)하에서의 기대빈도를 계산하는 방식은?

④ 젊은 남녀가 배우자를 선택할 때 가장 중요하게 생각하는 것이 어떤 것 인지를 물어 보았더니 다음과 같은 결과가 나왔다. 결과를 분석하고 해 석해 보라.

성별	외모	경제력	성격	학벌	기타
남	60	20	30	15	15
여	20	80	30	30	20

답

① 분포 형태의 차이

② 불가함(어떤 사례는 꼭 1칸에만 들어가야 함).

③ 그 칸의 가로, 세로의 난외치 수치를 곱하여 전체 빈도수로 나누어 주면 그 칸의 기대빈도가 된다.

④ $\chi^2_{관} = 57.63$ $(df = 4$일 때 $\alpha = .05$, 양방검증에서의 $\chi^2_{임} = 9.49$이다.)

$\chi^2_{관} > \chi^2_{임}$이므로 H_0를 기각한다.

즉, 분포 형태는 다르다. 남자들은 외모를 가장 중시하고 성격을 두 번째로 쳤으 나, 여자들은 경제력을 가장 중시하고 성격, 학벌이 다음 순이었다.

부록: 각종수표

[표 A] 표본정상분포 곡선하에서의 면적 비율

z			z			z		
0.00	.0000	.5000	0.55	.2088	.2912	1.10	.3643	.1357
0.01	.0040	.4960	0.56	.2123	.2877	1.11	.3665	.1335
0.02	.0080	.4920	0.57	.2157	.2843	1.12	.3686	.1314
0.03	.0120	.4880	0.58	.2190	.2810	1.13	.3708	.1292
0.04	.0160	.4840	0.59	.2224	.2776	1.14	.3729	.1271
0.05	.0199	.4801	0.60	.2257	.2743	1.15	.3749	.1251
0.06	.0239	.4761	0.61	.2291	.2709	1.16	.3770	.1230
0.07	.0279	.4721	0.62	.2324	.2676	1.17	.3790	.1210
0.08	.0319	.4681	0.63	.2357	.2643	1.18	.3810	.1190
0.09	.0359	.4641	0.64	.2389	.2611	1.19	.3830	.1170
0.10	.0398	.4602	0.65	.2422	.2578	1.20	.3849	.1151
0.11	.0438	.4562	0.66	.2454	.2546	1.21	.3869	.1131
0.12	.0478	.4522	0.67	.2486	.2514	1.22	.3888	.1112
0.13	.0517	.4483	0.68	.2517	.2483	1.23	.3907	.1093
0.14	.0557	.4443	0.69	.2549	.2451	1.24	.3925	.1075
0.15	.0596	.4404	0.70	.2580	.2420	1.25	.3944	.1056
0.16	.0636	.4364	0.71	.2611	.2389	1.26	.3962	.1038
0.17	.0675	.4325	0.72	.2642	.2358	1.27	.3980	.1020
0.18	.0714	.4286	0.73	.2673	.2327	1.28	.3997	.1003
0.19	.0753	.4247	0.74	.2704	.2296	1.29	.4015	.0985
0.20	.0793	.4207	0.75	.2734	.2266	1.30	.4032	.0968
0.21	.0832	.4168	0.76	.2764	.2236	1.31	.4049	.0951
0.22	.0871	.4129	0.77	.2794	.2206	1.32	.4066	.0934
0.23	.0910	.4090	0.78	.2823	.2177	1.33	.4082	.0918
0.24	.0948	.4052	0.79	.2852	.2148	1.34	.4099	.0901
0.25	.0987	.4013	0.80	.2881	.2119	1.35	.4115	.0885
0.26	.1026	.3974	0.81	.2910	.2090	1.36	.4131	.0869
0.27	.1064	.3936	0.82	.2939	.2061	1.37	.4147	.0853
0.28	.1103	.3897	0.83	.2967	.2033	1.38	.4162	.0838
0.29	.1141	.3859	0.84	.2995	.2005	1.39	.4177	.0823
0.30	.1179	.3821	0.85	.3023	.1977	1.40	.4192	.0808
0.31	.1217	.3783	0.86	.3051	.1949	1.41	.4207	.0793
0.32	.1255	.3745	0.87	.3078	.1922	1.42	.4222	.0778
0.33	.1293	.3707	0.88	.3106	.1894	1.43	.4236	.0764
0.34	.1331	.3669	0.89	.3133	.1867	1.44	.4251	.0749
0.35	.1368	.3632	0.90	.3159	.1841	1.45	.4265	.0735
0.36	.1406	.3594	0.91	.3186	.1814	1.46	.4279	.0721
0.37	.1443	.3557	0.92	.3212	.1788	1.47	.4292	.0708
0.38	.1480	.3520	0.93	.3238	.1762	1.48	.4306	.0694
0.39	.1517	.3483	0.94	.3264	.1736	1.49	.4319	.0681
0.40	.1554	.3446	0.95	.3289	.1711	1.50	.4332	.0668
0.41	.1591	.3409	0.96	.3315	.1685	1.51	.4345	.0655
0.42	.1628	.3372	0.97	.3340	.1660	1.52	.4357	.0643
0.43	.1664	.3336	0.98	.3365	.1635	1.53	.4370	.0630
0.44	.1700	.3300	0.99	.3389	.1611	1.54	.4382	.0618
0.45	.1736	.3264	1.00	.3413	.1587	1.55	.4394	.0606
0.46	.1772	.3228	1.01	.3438	.1562	1.56	.4406	.0594
0.47	.1808	.3192	1.02	.3461	.1539	1.57	.4418	.0582
0.48	.1844	.3156	1.03	.3485	.1515	1.58	.4429	.0571
0.49	.1879	.3121	1.04	.3508	.1492	1.59	.4441	.0559
0.50	.1915	.3085	1.05	.3531	.1469	1.60	.4452	.0548
0.51	.1950	.3050	1.06	.3554	.1446	1.61	.4463	.0537
0.52	.1985	.3015	1.07	.3577	.1423	1.62	.4474	.0526
0.53	.2019	.2981	1.08	.3599	.1401	1.63	.4484	.0516
0.54	.2054	.2946	1.09	.3621	.1379	1.64	.4495	.0505

z			z			z		
1.65	.4505	.0495	2.22	.4868	.0132	2.79	.4974	.0026
1.66	.4515	.0485	2.23	.4871	.0129	2.80	.4974	.0026
1.67	.4525	.0475	2.24	.4875	.0125	2.81	.4975	.0025
1.68	.4535	.0465	2.25	.4878	.0122	2.82	.4976	.0024
1.69	.4545	.0455	2.26	.4881	.0119	2.83	.4977	.0023
1.70	.4554	.0446	2.27	.4884	.0116	2.84	.4977	.0023
1.71	.4564	.0436	2.28	.4887	.0113	2.85	.4978	.0022
1.72	.4573	.0427	2.29	.4890	.0110	2.86	.4979	.0021
1.73	.4582	.0418	2.30	.4893	.0107	2.87	.4979	.0021
1.74	.4591	.0409	2.31	.4896	.0104	2.88	.4980	.0020
1.75	.4599	.0401	2.32	.4898	.0102	2.89	.4981	.0019
1.76	.4608	.0392	2.33	.4901	.0099	2.90	.4981	.0019
1.77	.4616	.0384	2.34	.4904	.0096	2.91	.4982	.0018
1.78	.4625	.0375	2.35	.4906	.0094	2.92	.4982	.0018
1.79	.4633	.0367	2.36	.4909	.0091	2.93	.4983	.0017
1.80	.4641	.0359	2.37	.4911	.0089	2.94	.4984	.0016
1.81	.4649	.0351	2.38	.4913	.0087	2.95	.4984	.0016
1.82	.4656	.0344	2.39	.4916	.0084	2.96	.4985	.0015
1.83	.4664	.0336	2.40	.4918	.0082	2.97	.4985	.0015
1.84	.4671	.0329	2.41	.4920	.0080	2.98	.4986	.0014
1.85	.4678	.0322	2.42	.4922	.0078	2.99	.4986	.0014
1.86	.4686	.0314	2.43	.4925	.0075	3.00	.4987	.0013
1.87	.4693	.0307	2.44	.4927	.0073	3.01	.4987	.0013
1.88	.4699	.0301	2.45	.4929	.0071	3.02	.4987	.0013
1.89	.4706	.0294	2.46	.4931	.0069	3.03	.4988	.0012
1.90	.4713	.0287	2.47	.4932	.0068	3.04	.4988	.0012
1.91	.4719	.0281	2.48	.4934	.0066	3.05	.4989	.0011
1.92	.4726	.0274	2.49	.4936	.0064	3.06	.4989	.0011
1.93	.4732	.0268	2.50	.4938	.0062	3.07	.4989	.0011
1.94	.4738	.0262	2.51	.4940	.0060	3.08	.4990	.0010
1.95	.4744	.0256	2.52	.4941	.0059	3.09	.4990	.0010
1.96	.4750	.0250	2.53	.4943	.0057	3.10	.4990	.0010
1.97	.4756	.0244	2.54	.4945	.0055	3.11	.4991	.0009
1.98	.4761	.0239	2.55	.4946	.0054	3.12	.4991	.0009
1.99	.4767	.0233	2.56	.4948	.0052	3.13	.4991	.0009
2.00	.4772	.0228	2.57	.4949	.0051	3.14	.4992	.0008
2.01	.4778	.0222	2.58	.4951	.0049	3.15	.4992	.0008
2.02	.4783	.0217	2.59	.4952	.0048	3.16	.4992	.0008
2.03	.4788	.0212	2.60	.4953	.0047	3.17	.4992	.0008
2.04	.4793	.0207	2.61	.4955	.0045	3.18	.4993	.0007
2.05	.4798	.0202	2.62	.4956	.0044	3.19	.4993	.0007
2.06	.4803	.0197	2.63	.4957	.0043	3.20	.4993	.0007
2.07	.4808	.0192	2.64	.4959	.0041	3.21	.4993	.0007
2.08	.4812	.0188	2.65	.4960	.0040	3.22	.4994	.0006
2.09	.4817	.0183	2.66	.4961	.0039	3.23	.4994	.0006
2.10	.4821	.0179	2.67	.4962	.0038	3.24	.4994	.0006
2.11	.4826	.0174	2.68	.4963	.0037	3.25	.4994	.0006
2.12	.4830	.0170	2.69	.4964	.0036	3.30	.4995	.0005
2.13	.4834	.0166	2.70	.4965	.0035	3.35	.4996	.0004
2.14	.4838	.0162	2.71	.4966	.0034	3.40	.4997	.0003
2.15	.4842	.0158	2.72	.4967	.0033	3.45	.4997	.0003
2.16	.4846	.0154	2.73	.4968	.0032	3.50	.4998	.0002
2.17	.4850	.0150	2.74	.4969	.0031	3.60	.4998	.0002
2.18	.4854	.0146	2.75	.4970	.0030	3.70	.4999	.0001
2.19	.4857	.0143	2.76	.4971	.0029	3.80	.4999	.0001
2.20	.4861	.0139	2.77	.4972	.0028	3.90	.49995	.00005
2.21	.4864	.0136	2.78	.4973	.0027	4.00	.49997	.00003

[표 B] t의 임계치

df	방향(일방)적 검증에서의 유의 수준					
	.10	.05	.025	.01	.005	.0005
	비방향(양방)적 검증에서의 유의 수준					
	.20	.10	.05	.02	.01	.001
1	3.078	6.314	12.706	31.821	63.657	636.619
2	1.886	2.920	4.303	6.965	9.925	31.598
3	1.638	2.353	3.182	4.541	5.841	12.941
4	1.533	2.132	2.776	3.747	4.604	8.610
5	1.476	2.015	2.571	3.365	4.032	6.859
6	1.440	1.943	2.447	3.143	3.707	5.959
7	1.415	1.895	2.365	2.998	3.499	5.405
8	1.397	1.860	2.306	2.896	3.355	5.041
9	1.383	1.833	2.262	2.821	3.250	4.781
10	1.372	1.812	2.228	2.764	3.169	4.587
11	1.363	1.796	2.201	2.718	3.106	4.437
12	1.356	1.782	2.179	2.681	3.055	4.318
13	1.350	1.771	2.160	2.650	3.012	4.221
14	1.345	1.761	2.145	2.624	2.977	4.140
15	1.341	1.753	2.131	2.602	2.947	4.073
16	1.337	1.746	2.120	2.583	2.921	4.015
17	1.333	1.740	2.110	2.567	2.898	3.965
18	1.330	1.734	2.101	2.552	2.878	3.922
19	1.328	1.729	2.093	2.539	2.861	3.883
20	1.325	1.725	2.086	2.528	2.845	3.850
21	1.323	1.721	2.080	2.518	2.831	3.819
22	1.321	1.717	2.074	2.508	2.819	3.792
23	1.319	1.714	2.069	2.500	2.807	3.767
24	1.318	1.711	2.064	2.492	2.797	3.745
25	1.316	1.708	2.060	2.485	2.787	3.725
26	1.315	1.706	2.056	2.479	2.779	3.707
27	1.314	1.703	2.052	2.473	2.771	3.690
28	1.313	1.701	2.048	2.467	2.763	3.674
29	1.311	1.699	2.045	2.462	2.756	3.659
30	1.310	1.697	2.042	2.457	2.750	3.646
40	1.303	1.684	2.021	2.423	2.704	3.551
60	1.296	1.671	2.000	2.390	2.660	3.460
120	1.289	1.658	1.980	2.358	2.617	3.373
∞	1.282	1.645	1.960	2.326	2.576	3.291

—표의 수치는 각 조건에 따른 t의 임계치이다.

—관찰된 t값이 임계치보다 크다면 H_0를 기각한다.

[표 C] pearson 적률 상관계수 r의 임계치

	방향(일방)적 검증에서의 유의 수준				
	.05	.025	.01	.005	.0005
	비방향(양방)적 검증에서의 유의 수준				
$df = N-2$	.10	.05	.02	.01	.001
1	.9877	.9969	.9995	.9999	1.0000
2	.9000	.9500	.9800	.9900	.9990
3	.8054	.8783	.9343	.9587	.9912
4	.7293	.8114	.8822	.9172	.9741
5	.6694	.7545	.8329	.8745	.9507
6	.6215	.7067	.7887	.8343	.9249
7	.5822	.6664	.7498	.7977	.8982
8	.5494	.6319	.7155	.7646	.8721
9	.5214	.6021	.6851	.7348	.8471
10	.4973	.5760	.6581	.7079	.8233
11	.4762	.5529	.6339	.6835	.8010
12	.4575	.5324	.6120	.6614	.7800
13	.4409	.5139	.5923	.6411	.7603
14	.4259	.4973	.5742	.6226	.7420
15	.4124	.4821	.5577	.6055	.7246
16	.4000	.4683	.5425	.5897	.7084
17	.3887	.4555	.5285	.5751	.6932
18	.3783	.4438	.5155	.5614	.6787
19	.3687	.4329	.5034	.5487	.6652
20	.3598	.4227	.4921	.5368	.6524
25	.3233	.3809	.4451	.4869	.5974
30	.2960	.3494	.4093	.4487	.5541
35	.2746	.3246	.3810	.4182	.5189
40	.2573	.3044	.3578	.3932	.4896
45	.2428	.2875	.3384	.3721	.4648
50	.2306	.2732	.3218	.3541	.4433
60	.2108	.2500	.2948	.3248	.4078
70	.1954	.2319	.2737	.3017	.3799
80	.1829	.2172	.2565	.2830	.3568
90	.1726	.2050	.2422	.2673	.3375
100	.1638	.1946	.2301	.2540	.3211

- 관찰된 t값이 표의 수치보다 크거나 같다면, H_0를 기각한다.
- 해당되는 df값이 없다면 더 작은 df값을 이용하면 된다. (예: 27 → 25)

[표 D] r을 z_r로 변환

r	z_r		r	z_r		r	z_r		r	z_r		r	z_r
.000	.000		.200	.203		.400	.424		.600	.693		.800	1.099
.005	.005		.205	.208		.405	.430		.605	.701		.805	1.113
.010	.010		.210	.213		.410	.436		.610	.709		.810	1.127
.015	.015		.215	.218		.415	.442		.615	.717		.815	1.142
.020	.020		.220	.224		.420	.448		.620	.725		.820	1.157
.025	.025		.225	.229		.425	.454		.625	.733		.825	1.172
.030	.030		.230	.234		.430	.460		.630	.741		.830	1.188
.035	.035		.235	.239		.435	.466		.635	.750		.835	1.204
.040	.040		.240	.245		.440	.472		.640	.758		.840	1.221
.045	.045		.245	.250		.445	.478		.645	.767		.845	1.238
.050	.050		.250	.255		.450	.485		.650	.775		.850	1.256
.055	.055		.255	.261		.455	.491		.655	.784		.855	1.274
.060	.060		.260	.266		.460	.497		.660	.793		.860	1.293
.065	.065		.265	.271		.465	.504		.665	.802		.865	1.313
.070	.070		.270	.277		.470	.510		.670	.811		.870	1.333
.075	.075		.275	.282		.475	.517		.675	.820		.875	1.354
.080	.080		.280	.288		.480	.523		.680	.829		.880	1.376
.085	.085		.285	.293		.485	.530		.685	.838		.885	1.398
.090	.090		.290	.299		.490	.536		.690	.848		.890	1.422
.095	.095		.295	.304		.495	.543		.695	.858		.895	1.447
.100	.100		.300	.310		.500	.549		.700	.867		.900	1.472
.105	.105		.305	.315		.505	.556		.705	.877		.905	1.499
.110	.110		.310	.321		.510	.563		.710	.887		.910	1.528
.115	.116		.315	.326		.515	.570		.715	.897		.915	1.557
.120	.121		.320	.332		.520	.576		.720	.908		.920	1.589
.125	.126		.325	.337		.525	.583		.725	.918		.925	1.623
.130	.131		.330	.343		.530	.590		.730	.929		.930	1.658
.135	.136		.335	.348		.535	.597		.735	.940		.935	1.697
.140	.141		.340	.354		.540	.604		.740	.950		.940	1.738
.145	.146		.345	.360		.545	.611		.745	.962		.945	1.783
.150	.151		.350	.365		.550	.618		.750	.973		.950	1.832
.155	.156		.355	.371		.555	.626		.755	.984		.955	1.886
.160	.161		.360	.377		.560	.633		.760	.996		.960	1.946
.165	.167		.365	.383		.565	.640		.765	1.008		.965	2.014
.170	.172		.370	.388		.570	.648		.770	1.020		.970	2.092
.175	.177		.375	.394		.575	.655		.775	1.033		.975	2.185
.180	.182		.380	.400		.580	.662		.780	1.045		.980	2.298
.185	.187		.385	.406		.585	.670		.785	1.058		.985	2.443
.190	.192		.390	.412		.590	.678		.790	1.071		.990	2.647
.195	.198		.395	.418		.595	.685		.795	1.085		.995	2.994

- r값은 −1에서 +1까지의 값을 취할 수 있는데 표에서는 +값만 표시되어 있다. (0~1)
- z_r값은 0~ +3까지의 값을 취함을 주목하라.

분자의 자유도

분모의 자유도	1	2	3	4	5	6	7	8	9	10	11	12	14	16	20	24	30	40	50	75	100	200	500	∞
1	161 / 4,052	200 / 4,999	216 / 5,403	225 / 5,625	230 / 5,764	234 / 5,859	237 / 5,928	239 / 5,981	241 / 6,022	242 / 6,056	243 / 6,082	244 / 6,106	245 / 6,142	246 / 6,169	248 / 6,208	249 / 6,234	250 / 6,261	251 / 6,286	252 / 6,302	253 / 6,323	253 / 6,334	254 / 6,352	254 / 6,361	254 / 6,366
2	18.51 / 98.49	19.00 / 99.00	19.16 / 99.17	19.25 / 99.25	19.30 / 99.30	19.33 / 99.33	19.36 / 99.36	19.37 / 99.37	19.38 / 99.39	19.39 / 99.40	19.40 / 99.41	19.41 / 99.42	19.42 / 99.43	19.43 / 99.44	19.44 / 99.45	19.45 / 99.46	19.46 / 99.47	19.47 / 99.48	19.47 / 99.48	19.48 / 99.49	19.49 / 99.49	19.49 / 99.49	19.50 / 99.50	19.50 / 99.50
3	10.13 / 34.12	9.55 / 30.82	9.28 / 29.46	9.12 / 28.71	9.01 / 28.24	8.94 / 27.91	8.88 / 27.67	8.84 / 27.49	8.81 / 27.34	8.78 / 27.23	8.76 / 27.13	8.74 / 27.05	8.71 / 26.92	8.69 / 26.83	8.66 / 26.69	8.64 / 26.60	8.62 / 26.50	8.60 / 26.41	8.58 / 26.35	8.57 / 26.27	8.56 / 26.23	8.54 / 26.18	8.54 / 26.14	8.53 / 26.12
4	7.71 / 21.20	6.94 / 18.00	6.59 / 16.69	6.39 / 15.98	6.26 / 15.52	6.16 / 15.21	6.09 / 14.98	6.04 / 14.80	6.00 / 14.66	5.96 / 14.54	5.93 / 14.45	5.91 / 14.37	5.87 / 14.24	5.84 / 14.15	5.80 / 14.02	5.77 / 13.93	5.74 / 13.83	5.71 / 13.74	5.70 / 13.69	5.68 / 13.61	5.66 / 13.57	5.65 / 13.52	5.64 / 13.48	5.63 / 13.46
5	6.61 / 16.26	5.79 / 13.27	5.41 / 12.06	5.19 / 11.39	5.05 / 10.97	4.95 / 10.67	4.88 / 10.45	4.82 / 10.29	4.78 / 10.15	4.74 / 10.05	4.70 / 9.96	4.68 / 9.89	4.64 / 9.77	4.60 / 9.68	4.56 / 9.55	4.53 / 9.47	4.50 / 9.38	4.46 / 9.29	4.44 / 9.24	4.42 / 9.17	4.40 / 9.13	4.38 / 9.07	4.37 / 9.04	4.36 / 9.02
6	5.99 / 13.74	5.14 / 10.92	4.76 / 9.78	4.53 / 9.15	4.39 / 8.75	4.28 / 8.47	4.21 / 8.26	4.15 / 8.10	4.10 / 7.98	4.06 / 7.87	4.03 / 7.79	4.00 / 7.72	3.96 / 7.60	3.92 / 7.52	3.87 / 7.39	3.84 / 7.31	3.81 / 7.23	3.77 / 7.14	3.75 / 7.09	3.72 / 7.02	3.71 / 6.99	3.69 / 6.94	3.68 / 6.90	3.67 / 6.88
7	5.59 / 12.25	4.74 / 9.55	4.35 / 8.45	4.12 / 7.85	3.97 / 7.46	3.87 / 7.19	3.79 / 7.00	3.73 / 6.84	3.68 / 6.71	3.63 / 6.62	3.60 / 6.54	3.57 / 6.47	3.52 / 6.35	3.49 / 6.27	3.44 / 6.15	3.41 / 6.07	3.38 / 5.98	3.34 / 5.90	3.32 / 5.85	3.29 / 5.78	3.28 / 5.75	3.25 / 5.70	3.24 / 5.67	3.23 / 5.65
8	5.32 / 11.26	4.46 / 8.65	4.07 / 7.59	3.84 / 7.01	3.69 / 6.63	3.58 / 6.37	3.50 / 6.19	3.44 / 6.03	3.39 / 5.91	3.34 / 5.82	3.31 / 5.74	3.28 / 5.67	3.23 / 5.56	3.20 / 5.48	3.15 / 5.36	3.12 / 5.28	3.08 / 5.20	3.05 / 5.11	3.03 / 5.06	3.00 / 5.00	2.98 / 4.96	2.96 / 4.91	2.94 / 4.88	2.93 / 4.86
9	5.12 / 10.56	4.26 / 8.02	3.86 / 6.99	3.63 / 6.42	3.48 / 6.06	3.37 / 5.80	3.29 / 5.62	3.23 / 5.47	3.18 / 5.35	3.13 / 5.26	3.10 / 5.18	3.07 / 5.11	3.02 / 5.00	2.98 / 4.92	2.93 / 4.80	2.90 / 4.73	2.86 / 4.64	2.82 / 4.56	2.80 / 4.51	2.77 / 4.45	2.76 / 4.41	2.73 / 4.36	2.72 / 4.33	2.71 / 4.31
10	4.96 / 10.04	4.10 / 7.56	3.71 / 6.55	3.48 / 5.99	3.33 / 5.64	3.22 / 5.39	3.14 / 5.21	3.07 / 5.06	3.02 / 4.95	2.97 / 4.85	2.94 / 4.78	2.91 / 4.71	2.86 / 4.60	2.82 / 4.52	2.77 / 4.41	2.74 / 4.33	2.70 / 4.25	2.67 / 4.17	2.64 / 4.12	2.61 / 4.05	2.59 / 4.01	2.56 / 3.96	2.55 / 3.93	2.54 / 3.91
11	4.84 / 9.65	3.98 / 7.20	3.59 / 6.22	3.36 / 5.67	3.20 / 5.32	3.09 / 5.07	3.01 / 4.88	2.95 / 4.74	2.90 / 4.63	2.86 / 4.54	2.82 / 4.46	2.79 / 4.40	2.74 / 4.29	2.70 / 4.21	2.65 / 4.10	2.61 / 4.02	2.57 / 3.94	2.53 / 3.86	2.50 / 3.80	2.47 / 3.74	2.45 / 3.70	2.42 / 3.66	2.41 / 3.62	2.40 / 3.60
12	4.75 / 9.33	3.88 / 6.93	3.49 / 5.95	3.26 / 5.41	3.11 / 5.06	3.00 / 4.82	2.92 / 4.65	2.85 / 4.50	2.80 / 4.39	2.76 / 4.30	2.72 / 4.22	2.69 / 4.16	2.64 / 4.05	2.60 / 3.98	2.54 / 3.86	2.50 / 3.78	2.46 / 3.70	2.42 / 3.61	2.40 / 3.56	2.36 / 3.49	2.35 / 3.46	2.32 / 3.41	2.31 / 3.38	2.30 / 3.36
13	4.67 / 9.07	3.80 / 6.70	3.41 / 5.74	3.18 / 5.20	3.02 / 4.86	2.92 / 4.62	2.84 / 4.44	2.77 / 4.30	2.72 / 4.19	2.67 / 4.10	2.63 / 4.02	2.60 / 3.96	2.55 / 3.85	2.51 / 3.78	2.46 / 3.67	2.42 / 3.59	2.38 / 3.51	2.34 / 3.42	2.32 / 3.37	2.28 / 3.30	2.26 / 3.27	2.24 / 3.21	2.22 / 3.18	2.21 / 3.16

- 분자의 자유도는 집단 간 자유도($df_간$)이고 분모의 자유도는 집단 내 자유도($df_내$)이다.
- 간 자유도와 내자유도가 교차하는 지점의 F의 임계치보다 F의 관찰치가 크거나 같다면 H_0를 기각한다.

분자의 자유도

분모의 자유도	1	2	3	4	5	6	7	8	9	10	11	12	14	16	20	24	30	40	50	75	100	200	500	∞	
14	4.60/8.86	3.74/6.51	3.34/5.56	3.11/5.03	2.96/4.69	2.85/4.46	2.77/4.28	2.70/4.14	2.65/4.03	2.60/3.94	2.56/3.86	2.53/3.80	2.48/3.70	2.44/3.62	2.39/3.51	2.35/3.43	2.31/3.34	2.27/3.26	2.24/3.21	2.21/3.14	2.19/3.11	2.16/3.06	2.14/3.02	2.13/3.00	14
15	4.54/8.68	3.68/6.36	3.29/5.42	3.06/4.89	2.90/4.56	2.79/4.32	2.70/4.14	2.64/4.00	2.59/3.89	2.55/3.80	2.51/3.73	2.48/3.67	2.43/3.56	2.39/3.48	2.33/3.36	2.29/3.29	2.25/3.20	2.21/3.12	2.18/3.07	2.15/3.00	2.12/2.97	2.10/2.92	2.08/2.89	2.07/2.87	15
16	4.49/8.53	3.63/6.23	3.24/5.29	3.01/4.77	2.85/4.44	2.74/4.20	2.66/4.03	2.59/3.89	2.54/3.78	2.49/3.69	2.45/3.61	2.42/3.55	2.37/3.45	2.33/3.37	2.28/3.25	2.24/3.18	2.20/3.10	2.16/3.01	2.13/2.96	2.09/2.89	2.07/2.86	2.04/2.80	2.02/2.77	2.01/2.75	16
17	4.45/8.40	3.59/6.11	3.20/5.18	2.96/4.67	2.81/4.34	2.70/4.10	2.62/3.93	2.55/3.79	2.50/3.68	2.45/3.59	2.41/3.52	2.38/3.45	2.33/3.35	2.29/3.27	2.23/3.16	2.19/3.08	2.15/3.00	2.11/2.92	2.08/2.86	2.04/2.79	2.02/2.76	1.99/2.70	1.97/2.67	1.96/2.65	17
18	4.41/8.28	3.55/6.01	3.16/5.09	2.93/4.58	2.77/4.25	2.66/4.01	2.58/3.85	2.51/3.71	2.46/3.60	2.41/3.51	2.37/3.44	2.34/3.37	2.29/3.27	2.25/3.19	2.19/3.07	2.15/3.00	2.11/2.91	2.07/2.83	2.04/2.78	2.00/2.71	1.98/2.68	1.95/2.62	1.93/2.59	1.92/2.57	18
19	4.38/8.18	3.52/5.93	3.13/5.01	2.90/4.50	2.74/4.17	2.63/3.94	2.55/3.77	2.48/3.63	2.43/3.52	2.38/3.43	2.34/3.36	2.31/3.30	2.26/3.19	2.21/3.12	2.15/3.00	2.11/2.92	2.07/2.84	2.02/2.76	2.00/2.70	1.96/2.63	1.94/2.60	1.91/2.54	1.90/2.51	1.88/2.49	19
20	4.35/8.10	3.49/5.85	3.10/4.94	2.87/4.43	2.71/4.10	2.60/3.87	2.52/3.71	2.45/3.56	2.40/3.45	2.35/3.37	2.31/3.30	2.28/3.23	2.23/3.13	2.18/3.05	2.12/2.94	2.08/2.86	2.04/2.77	1.99/2.69	1.96/2.63	1.92/2.56	1.90/2.53	1.87/2.47	1.85/2.44	1.84/2.42	20
21	4.32/8.02	3.47/5.78	3.07/4.87	2.84/4.37	2.68/4.04	2.57/3.81	2.49/3.65	2.42/3.51	2.37/3.40	2.32/3.31	2.28/3.24	2.25/3.17	2.20/3.07	2.15/2.99	2.09/2.88	2.05/2.80	2.00/2.72	1.96/2.63	1.93/2.58	1.89/2.51	1.87/2.47	1.84/2.42	1.82/2.38	1.81/2.36	21
22	4.30/7.94	3.44/5.72	3.05/4.82	2.82/4.31	2.66/3.99	2.55/3.76	2.47/3.59	2.40/3.45	2.35/3.35	2.30/3.26	2.26/3.18	2.23/3.12	2.18/3.02	2.13/2.94	2.07/2.83	2.03/2.75	1.98/2.67	1.93/2.58	1.91/2.53	1.87/2.46	1.84/2.42	1.81/2.37	1.80/2.33	1.78/2.31	22
23	4.28/7.88	3.42/5.66	3.03/4.76	2.80/4.26	2.64/3.94	2.53/3.71	2.45/3.54	2.38/3.41	2.32/3.30	2.28/3.21	2.24/3.14	2.20/3.07	2.14/2.97	2.10/2.89	2.04/2.78	2.00/2.70	1.96/2.62	1.91/2.53	1.88/2.48	1.84/2.41	1.82/2.37	1.79/2.32	1.77/2.28	1.76/2.26	23
24	4.26/7.82	3.40/5.61	3.01/4.72	2.78/4.22	2.62/3.90	2.51/3.67	2.43/3.50	2.36/3.36	2.30/3.25	2.26/3.17	2.22/3.09	2.18/3.03	2.13/2.93	2.09/2.85	2.02/2.74	1.98/2.66	1.94/2.58	1.89/2.49	1.86/2.44	1.82/2.36	1.80/2.33	1.76/2.27	1.74/2.23	1.73/2.21	24
25	4.24/7.77	3.38/5.57	2.99/4.68	2.76/4.18	2.60/3.86	2.49/3.63	2.41/3.46	2.34/3.32	2.28/3.21	2.24/3.13	2.20/3.05	2.16/2.99	2.11/2.89	2.06/2.81	2.00/2.70	1.96/2.62	1.92/2.54	1.87/2.45	1.84/2.40	1.80/2.32	1.77/2.29	1.74/2.23	1.72/2.19	1.71/2.17	25
26	4.22/7.72	3.37/5.53	2.98/4.64	2.74/4.14	2.59/3.82	2.47/3.59	2.39/3.42	2.32/3.29	2.27/3.17	2.22/3.09	2.18/3.02	2.15/2.96	2.10/2.86	2.05/2.77	1.99/2.66	1.95/2.58	1.90/2.50	1.85/2.41	1.82/2.36	1.78/2.28	1.76/2.25	1.72/2.19	1.70/2.15	1.69/2.13	26

[표 E] (계속)

분자의 자유도

분모의 자유도	1	2	3	4	5	6	7	8	9	10	11	12	14	16	20	24	30	40	50	75	100	200	500	∞
27	4.21 / 7.68	3.35 / 5.49	2.96 / 4.60	2.73 / 4.11	2.57 / 3.79	2.46 / 3.56	2.37 / 3.39	2.30 / 3.26	2.25 / 3.14	2.20 / 3.06	2.16 / 2.98	2.13 / 2.93	2.08 / 2.83	2.03 / 2.74	1.97 / 2.63	1.93 / 2.55	1.88 / 2.47	1.84 / 2.38	1.80 / 2.33	1.76 / 2.25	1.74 / 2.21	1.71 / 2.16	1.68 / 2.12	1.67 / 2.10
28	4.20 / 7.64	3.34 / 5.45	2.95 / 4.57	2.71 / 4.07	2.56 / 3.76	2.44 / 3.53	2.36 / 3.36	2.29 / 3.23	2.24 / 3.11	2.19 / 3.03	2.15 / 2.95	2.12 / 2.90	2.06 / 2.80	2.02 / 2.71	1.96 / 2.60	1.91 / 2.52	1.87 / 2.44	1.81 / 2.35	1.78 / 2.30	1.75 / 2.22	1.72 / 2.18	1.69 / 2.13	1.67 / 2.09	1.65 / 2.06
29	4.18 / 7.60	3.33 / 5.42	2.93 / 4.54	2.70 / 4.04	2.54 / 3.73	2.43 / 3.50	2.35 / 3.33	2.28 / 3.20	2.22 / 3.08	2.18 / 3.00	2.14 / 2.92	2.10 / 2.87	2.05 / 2.77	2.00 / 2.68	1.94 / 2.57	1.90 / 2.49	1.85 / 2.41	1.80 / 2.32	1.77 / 2.27	1.73 / 2.19	1.71 / 2.15	1.68 / 2.10	1.65 / 2.06	1.64 / 2.03
30	4.17 / 7.56	3.32 / 5.39	2.92 / 4.51	2.69 / 4.02	2.53 / 3.70	2.42 / 3.47	2.34 / 3.30	2.27 / 3.17	2.21 / 3.06	2.16 / 2.98	2.12 / 2.90	2.09 / 2.84	2.04 / 2.74	1.99 / 2.66	1.93 / 2.55	1.89 / 2.47	1.84 / 2.38	1.79 / 2.29	1.76 / 2.24	1.72 / 2.16	1.69 / 2.13	1.66 / 2.07	1.64 / 2.03	1.62 / 2.01
32	4.15 / 7.50	3.30 / 5.34	2.90 / 4.46	2.67 / 3.97	2.51 / 3.66	2.40 / 3.42	2.32 / 3.25	2.25 / 3.12	2.19 / 3.01	2.14 / 2.94	2.10 / 2.86	2.07 / 2.80	2.02 / 2.70	1.97 / 2.62	1.91 / 2.51	1.86 / 2.42	1.82 / 2.34	1.76 / 2.25	1.74 / 2.20	1.69 / 2.12	1.67 / 2.08	1.64 / 2.02	1.61 / 1.98	1.59 / 1.96
34	4.13 / 7.44	3.28 / 5.29	2.88 / 4.42	2.65 / 3.93	2.49 / 3.61	2.38 / 3.38	2.30 / 3.21	2.23 / 3.08	2.17 / 2.97	2.12 / 2.89	2.08 / 2.82	2.05 / 2.76	2.00 / 2.66	1.95 / 2.58	1.89 / 2.47	1.84 / 2.38	1.80 / 2.30	1.74 / 2.21	1.71 / 2.15	1.67 / 2.08	1.64 / 2.04	1.61 / 1.98	1.59 / 1.94	1.57 / 1.91
36	4.11 / 7.39	3.26 / 5.25	2.86 / 4.38	2.63 / 3.89	2.48 / 3.58	2.36 / 3.35	2.28 / 3.18	2.21 / 3.04	2.15 / 2.94	2.10 / 2.86	2.06 / 2.78	2.03 / 2.72	1.98 / 2.62	1.93 / 2.54	1.87 / 2.43	1.82 / 2.35	1.78 / 2.26	1.72 / 2.17	1.69 / 2.12	1.65 / 2.04	1.62 / 2.00	1.59 / 1.94	1.56 / 1.90	1.55 / 1.87
38	4.10 / 7.35	3.25 / 5.21	2.85 / 4.34	2.62 / 3.86	2.46 / 3.54	2.35 / 3.32	2.26 / 3.15	2.19 / 3.02	2.14 / 2.91	2.09 / 2.82	2.05 / 2.75	2.02 / 2.69	1.96 / 2.59	1.92 / 2.51	1.85 / 2.40	1.80 / 2.32	1.76 / 2.22	1.71 / 2.14	1.67 / 2.08	1.63 / 2.00	1.60 / 1.97	1.57 / 1.90	1.54 / 1.86	1.53 / 1.84
40	4.08 / 7.31	3.23 / 5.18	2.84 / 4.31	2.61 / 3.83	2.45 / 3.51	2.34 / 3.29	2.25 / 3.12	2.18 / 2.99	2.12 / 2.88	2.07 / 2.80	2.04 / 2.73	2.00 / 2.66	1.95 / 2.56	1.90 / 2.49	1.84 / 2.37	1.79 / 2.29	1.74 / 2.20	1.69 / 2.11	1.66 / 2.05	1.61 / 1.97	1.59 / 1.94	1.55 / 1.88	1.53 / 1.84	1.51 / 1.81
42	4.07 / 7.27	3.22 / 5.15	2.83 / 4.29	2.59 / 3.80	2.44 / 3.49	2.32 / 3.26	2.24 / 3.10	2.17 / 2.96	2.11 / 2.86	2.06 / 2.77	2.02 / 2.70	1.99 / 2.64	1.94 / 2.54	1.89 / 2.46	1.82 / 2.35	1.78 / 2.26	1.73 / 2.17	1.68 / 2.08	1.64 / 2.02	1.60 / 1.94	1.57 / 1.91	1.54 / 1.85	1.51 / 1.80	1.49 / 1.78
44	4.06 / 7.24	3.21 / 5.12	2.82 / 4.26	2.58 / 3.78	2.43 / 3.46	2.31 / 3.24	2.23 / 3.07	2.16 / 2.94	2.10 / 2.84	2.05 / 2.75	2.01 / 2.68	1.98 / 2.62	1.92 / 2.52	1.88 / 2.44	1.81 / 2.32	1.76 / 2.24	1.72 / 2.15	1.66 / 2.06	1.63 / 2.00	1.58 / 1.92	1.56 / 1.88	1.52 / 1.82	1.50 / 1.78	1.48 / 1.75
46	4.05 / 7.21	3.20 / 5.10	2.81 / 4.24	2.57 / 3.76	2.42 / 3.44	2.30 / 3.22	2.22 / 3.05	2.14 / 2.92	2.09 / 2.82	2.04 / 2.73	2.00 / 2.66	1.97 / 2.60	1.91 / 2.50	1.87 / 2.42	1.80 / 2.30	1.75 / 2.22	1.71 / 2.13	1.65 / 2.04	1.62 / 1.98	1.57 / 1.90	1.54 / 1.86	1.51 / 1.80	1.48 / 1.76	1.46 / 1.72
48	4.04 / 7.19	3.19 / 5.08	2.80 / 4.22	2.56 / 3.74	2.41 / 3.42	2.30 / 3.20	2.21 / 3.04	2.14 / 2.90	2.08 / 2.80	2.03 / 2.71	1.99 / 2.64	1.96 / 2.58	1.90 / 2.48	1.86 / 2.40	1.79 / 2.28	1.74 / 2.20	1.70 / 2.11	1.64 / 2.02	1.61 / 1.96	1.56 / 1.88	1.53 / 1.84	1.50 / 1.78	1.47 / 1.73	1.45 / 1.70

분자의 자유도

분모의 자유도	1	2	3	4	5	6	7	8	9	10	11	12	14	16	20	24	30	40	50	75	100	200	500	∞
50	4.03 7.17	3.18 5.06	2.79 4.20	2.56 3.72	2.40 3.41	2.29 3.18	2.20 3.02	2.13 2.88	2.07 2.78	2.02 2.70	1.98 2.62	1.95 2.56	1.90 2.46	1.85 2.39	1.78 2.26	1.74 2.18	1.69 2.10	1.63 2.00	1.60 1.94	1.55 1.86	1.52 1.82	1.48 1.76	1.46 1.71	1.44 1.68
55	4.02 7.12	3.17 5.01	2.78 4.16	2.54 3.68	2.38 3.37	2.27 3.15	2.18 2.98	2.11 2.85	2.05 2.75	2.00 2.66	1.97 2.59	1.93 2.53	1.88 2.43	1.83 2.35	1.76 2.23	1.72 2.15	1.67 2.06	1.61 1.96	1.58 1.90	1.52 1.82	1.50 1.78	1.46 1.71	1.43 1.66	1.41 1.64
60	4.00 7.08	3.15 4.98	2.76 4.13	2.52 3.65	2.37 3.34	2.25 3.12	2.17 2.95	2.10 2.82	2.04 2.72	1.99 2.63	1.95 2.56	1.92 2.50	1.86 2.40	1.81 2.32	1.75 2.20	1.70 2.12	1.65 2.03	1.59 1.93	1.56 1.87	1.50 1.79	1.48 1.74	1.44 1.68	1.41 1.63	1.39 1.60
65	3.99 7.04	3.14 4.95	2.75 4.10	2.51 3.62	2.36 3.31	2.24 3.09	2.15 2.93	2.08 2.79	2.02 2.70	1.98 2.61	1.94 2.54	1.90 2.47	1.85 2.37	1.80 2.30	1.73 2.18	1.68 2.09	1.63 2.00	1.57 1.90	1.54 1.84	1.49 1.76	1.46 1.71	1.42 1.64	1.39 1.60	1.37 1.56
70	3.98 7.01	3.13 4.92	2.74 4.08	2.50 3.60	2.35 3.29	2.23 3.07	2.14 2.91	2.07 2.77	2.01 2.67	1.97 2.59	1.93 2.51	1.89 2.45	1.84 2.35	1.79 2.28	1.72 2.15	1.67 2.07	1.62 1.98	1.56 1.88	1.53 1.82	1.47 1.74	1.45 1.69	1.40 1.62	1.37 1.56	1.35 1.53
80	3.96 6.96	3.11 4.88	2.72 4.04	2.48 3.56	2.33 3.25	2.21 3.04	2.12 2.87	2.05 2.74	1.99 2.64	1.95 2.55	1.91 2.48	1.88 2.41	1.82 2.32	1.77 2.24	1.70 2.11	1.65 2.03	1.60 1.94	1.54 1.84	1.51 1.78	1.45 1.70	1.42 1.65	1.38 1.57	1.35 1.52	1.32 1.49
100	3.94 6.90	3.09 4.82	2.70 3.98	2.46 3.51	2.30 3.20	2.19 2.99	2.10 2.82	2.03 2.69	1.97 2.59	1.92 2.51	1.88 2.43	1.85 2.36	1.79 2.26	1.75 2.19	1.68 2.06	1.63 1.98	1.57 1.89	1.51 1.79	1.48 1.73	1.42 1.64	1.39 1.59	1.34 1.51	1.30 1.46	1.28 1.43
125	3.92 6.84	3.07 4.78	2.68 3.94	2.44 3.47	2.29 3.17	2.17 2.95	2.08 2.79	2.01 2.65	1.95 2.56	1.90 2.47	1.86 2.40	1.83 2.33	1.77 2.23	1.72 2.15	1.65 2.03	1.60 1.94	1.55 1.85	1.49 1.75	1.45 1.68	1.39 1.59	1.36 1.54	1.31 1.46	1.27 1.40	1.25 1.37
150	3.91 6.81	3.06 4.75	2.67 3.91	2.43 3.44	2.27 3.14	2.16 2.92	2.07 2.76	2.00 2.62	1.94 2.53	1.89 2.44	1.85 2.37	1.82 2.30	1.76 2.20	1.71 2.12	1.64 2.00	1.59 1.91	1.54 1.83	1.47 1.72	1.44 1.66	1.37 1.56	1.34 1.51	1.29 1.43	1.25 1.37	1.22 1.33
200	3.89 6.76	3.04 4.71	2.65 3.88	2.41 3.41	2.26 3.11	2.14 2.90	2.05 2.73	1.98 2.60	1.92 2.50	1.87 2.41	1.83 2.34	1.80 2.28	1.74 2.17	1.69 2.09	1.62 1.97	1.57 1.88	1.52 1.79	1.45 1.69	1.42 1.62	1.35 1.53	1.32 1.48	1.26 1.39	1.22 1.33	1.19 1.28
400	3.86 6.70	3.02 4.66	2.62 3.83	2.39 3.36	2.23 3.06	2.12 2.85	2.03 2.69	1.96 2.55	1.90 2.46	1.85 2.37	1.81 2.29	1.78 2.23	1.72 2.12	1.67 2.04	1.60 1.92	1.54 1.84	1.49 1.74	1.42 1.64	1.38 1.57	1.32 1.47	1.28 1.42	1.22 1.32	1.16 1.24	1.13 1.19
1000	3.85 6.66	3.00 4.62	2.61 3.80	2.38 3.34	2.22 3.04	2.10 2.82	2.02 2.66	1.95 2.53	1.89 2.43	1.84 2.34	1.80 2.26	1.76 2.20	1.70 2.09	1.65 2.01	1.58 1.89	1.53 1.81	1.47 1.71	1.41 1.51	1.36 1.54	1.30 1.44	1.26 1.38	1.19 1.28	1.13 1.19	1.08 1.11
∞	3.84 6.64	2.99 4.60	2.60 3.78	2.37 3.32	2.21 3.02	2.09 2.80	2.01 2.64	1.94 2.51	1.88 2.41	1.83 2.32	1.79 2.24	1.75 2.18	1.69 2.07	1.64 1.99	1.57 1.87	1.52 1.79	1.46 1.69	1.40 1.59	1.35 1.52	1.28 1.41	1.24 1.36	1.17 1.25	1.11 1.15	1.00 1.00

[표 F] 카이-자승 χ^2의 임계치

	방향적 검증에서의 유의 수준					
	.10	.05	.025	.01	.005	.0005
	비방향적 검증에서의 유의 수준					
df	.20	.10	.05	.02	.01	.001
1	1.64	2.71	3.84	5.41	6.64	10.83
2	3.22	4.60	5.99	7.82	9.21	13.82
3	4.64	6.25	7.82	9.84	11.34	16.27
4	5.99	7.78	9.49	11.67	13.28	18.46
5	7.29	9.24	11.07	13.39	15.09	20.52
6	8.56	10.64	12.59	15.03	16.81	22.46
7	9.80	12.02	14.07	16.62	18.48	24.32
8	11.03	13.36	15.51	18.17	20.09	26.12
9	12.24	14.68	16.92	19.68	21.67	27.88
10	13.44	15.99	18.31	21.16	23.21	29.59
11	14.63	17.28	19.68	22.62	24.72	31.26
12	15.81	18.55	21.03	24.05	26.22	32.91
13	16.98	19.81	22.36	25.47	27.69	34.53
14	18.15	21.06	23.68	26.87	29.14	36.12
15	19.31	22.31	25.00	28.26	30.58	37.70
16	20.46	23.54	26.30	29.63	32.00	39.29
17	21.62	24.77	27.59	31.00	33.41	40.75
18	22.76	25.99	28.87	32.35	34.80	42.31
19	23.90	27.20	30.14	33.69	36.19	43.82
20	25.04	28.41	31.41	35.02	37.57	45.32
21	26.17	29.62	32.67	36.34	38.93	46.80
22	27.30	30.81	33.92	37.66	40.29	48.27
23	28.43	32.01	35.17	38.97	41.64	49.73
24	29.55	33.20	36.42	40.27	42.98	51.18
25	30.68	34.38	37.65	41.57	44.31	52.62
26	31.80	35.56	38.88	42.86	45.64	54.05
27	32.91	36.74	40.11	44.14	46.96	55.48
28	34.03	37.92	41.34	45.42	48.28	56.89
29	35.14	39.09	42.69	46.69	49.59	58.30
30	36.25	40.26	43.77	47.96	50.89	59.70
32	38.47	42.59	46.19	50.49	53.49	62.49
34	40.68	44.90	48.60	53.00	56.06	65.25
36	42.88	47.21	51.00	55.49	58.62	67.99
38	45.08	49.51	53.38	57.97	61.16	70.70
40	47.27	51.81	55.76	60.44	63.69	73.40
44	51.64	56.37	60.48	65.34	68.71	78.75
48	55.99	60.91	65.17	70.20	73.68	84.04
52	60.33	65.42	69.83	75.02	78.62	89.27
56	64.66	69.92	74.47	79.82	83.51	94.46
60	68.97	74.40	79.08	84.58	88.38	99.61

$-\chi^2_{관찰}$치가 표의 $\chi^2_{임계치}$보다 크거나 같다면 H_0를 기각한다.

－자유도가 커짐에 따라 χ^2의 임계치도 커짐을 주목하라.

김기중
서울대학교 문리과대학 심리학과(문학사)
서울대학교 대학원(문학석사)
서울대학교 대학원(문학박사)
현)가톨릭대학교 심리학과 명예교수

박영신
가톨릭대학교 심리학과(문학사)
가톨릭대학교 대학원 심리학과 실험 및 인지전공(문학석사)
가톨릭대학교 대학원 심리학과 실험 및 인지전공(문학박사)
현)가톨릭대학교 교수학습센터 연구원

정윤재
가톨릭대학교 심리학과(문학사)
가톨릭대학교 대학원 심리학과 실험 및 인지전공(문학석사)
가톨릭대학교 대학원 심리학과 실험 및 인지전공(문학박사)
현)가톨릭대학교 심리학과 강사

─심리통계의 기초 개념

초판발행	2021년 3월 10일
중판발행	2024년 1월 31일
지은이	김기중·박영신·정윤재
펴낸이	노 현
편 집	배규호
기획/마케팅	노 현
표지디자인	조아라
제 작	고철민·조영환
펴낸곳	㈜ 피와이메이트
	서울특별시 금천구 가산디지털2로 53 한라시그마밸리 210호(가산동)
	등록 2014. 2. 12. 제2018-000080호
전 화	02)733-6771
f a x	02)736-4818
e-mail	pys@pybook.co.kr
homepage	www.pybook.co.kr
ISBN	979-11-6519-146-7 93180

copyright©김기중·박영신·정윤재, 2021, Printed in Korea

정 가   16,000원